GRAVITARE

人类迁徙史

ATLAS OF
MIGRATION
·
The Movement of Humankind from
Prehistory to the Present

3000年

ROBIN COHEN

[英] 罗宾·科恩 —— 著

扈喜林 ————— 译

SPM
南方传媒　广东人民出版社
·广州·

图书在版编目（CIP）数据

3000年人类迁徙史 /（英）罗宾·科恩著；扈喜林译. —广州：广东人民出版社，2023.2
（万有引力书系）
书名原文：Atlas of Migration
ISBN 978-7-218-15591-3

Ⅰ.①3… Ⅱ.①罗… ②扈… Ⅲ.①人口迁移—历史—世界 Ⅳ.①C922.1

中国版本图书馆CIP数据核字（2021）第262970号

Atlas of Migration: The Movement of Humankind from Prehistory to the Present
by Robin Cohen
Published in 2019 by André Deutsch Limited
A division of the Welbeck Publishing Group
Text & Design © André Deutsch Limited, 2019
This edition arranged with André Deutsch Limited through The PaiSha Agency

3000 NIAN RENLEI QIANXI SHI
3000年人类迁徙史
[英]罗宾·科恩 著　　扈喜林 译　　　　　版权所有　翻印必究

出 版 人：肖风华

丛书策划：施　勇　钱　丰
责任编辑：陈　晔　张崇静　龚文豪
特约编辑：皮亚军
营销编辑：龚文豪　张静智
责任技编：吴彦斌　周星奎

出版发行：广东人民出版社
地　　址：广东省广州市越秀区大沙头四马路10号（邮政编码：510199）
电　　话：（020）85716809（总编室）
传　　真：（020）83289585
网　　址：http://www.gdpph.com
印　　刷：恒美印务（广州）有限公司
开　　本：787毫米×1092毫米　1/16
印　　张：16　　字　　数：144千
版　　次：2023年2月第1版
印　　次：2023年2月第1次印刷
著作权合同登记号：图字19-2022-145号
审 图 号：GS粤（2022）221号
定　　价：118.00元

目 录

第三部分

当代的人口流动

第四部分

争议与现状

序 言

我们应该如何处理像人类迁徙这样复杂而有争议的问题？人口迁徙曾经主要是古生物学家、人口统计学家、地理学家和社会学家的学术研究范围，但现在已经受到了社会各界的广泛重视，经常成为激烈的政治辩论和政治交锋的中心议题。

本书为读者提供了有关这个主题的概述，涵盖了 44 个话题。在构思本书内容时，我想到了很多方面。例如，人类的迁徙始于何时？地球表面什么时候开始有人类生存？为什么有的人迁徙，有的人不迁徙？有哪些不同类型的迁徙？能让人口不再流动吗？鉴于本书是立足全球角度构思的，跨越了相当长的人类历史，因此，我将通过讲述具有代表性的，能够反映广阔历史背景的重大事件，来回答这些问题。

即使是笼统的讲述，也难以回避强迫性人口迁徙的重大事件，如跨越大西洋的奴隶贸易、亚洲的契约劳工、难民的出逃。同时，我们也无法忽视自愿迁徙的重大事件，例如，从 19 世纪 70 年代到一战期间大批欧洲人前往美洲，以及大批人口迁往澳大利亚和其他地方的事件。政治冲突也在推动人口迁徙过程中扮演着重要角色，因此，这本书囊括了印巴分治、流亡群体、流散群体（diasporic communities）等章节，讲述了以色列如何首先成为犹太人"聚集"的家园，然后成为逃到加沙地带和约旦河西岸的巴勒斯坦人的流放地。另外，本书也讨论了冷战时期人口迁徙的政治博弈。

推动人口迁徙的因素往往是寻找谋生机会。许多国家随着采矿业发展和工业化进程起步，往往需要大量国外人口来补充当地劳动力的不足。在不同的时期，这适用于美国的众多历史事件，适用于英国的工厂，适用于南非的钻石矿和金矿，也适用于为数百万外来农民工提供工作机会的中国制造业中心地区。二战后欧洲经济的迅速重建也需要大量的外来工人。英国除了从英联邦国家招工之外，还从加勒比地区、印度、巴基斯坦招募剩余劳动力，而联邦德国则转向土耳其等劳动力供应国。从 20 世纪 70 年代开始，石油资源丰富的海湾国家委托修建了规模庞大的基础设施项目，如医院、大学、博物馆、购物中心，大都由来自东南亚的劳工兴建。

与公司或地区招募的劳工输入不同的是国家政府组织的出境打工活动。这种大规模出境打工模式的开创者是菲律宾，该国在为海外就业市场培养海员和医护人员方面具有独特优势。菲律宾的这一战略成就斐然，目前全球四分之一的海员来自菲律宾。这一模式的核心理念是在国外或公海上工作的劳工汇回国内的款项将远远超过他们在国内的培训费用。类似地，印度也在大规模地为"出口"海外市场培养工程师和 IT 工人。这种做法还可以获得"下游收益"，即推动国际企业发展并获得源源不断的

投资回报。虽然劳动力输出拥有上述积极的案例，但是较小、较贫穷国家的发展往往受制于高素质人才、技术工人的流失，因此本书也将"人才外流"（brain-drain）的消极影响考虑在内。

在移入国的很多公民和政界人士看来，外来人口的无限制涌入不利于国内人口的就业、居住和享受社会服务，会对他们形成竞争关系，同时也会威胁他们原有的生活方式和文化规范（cultural norms）。虽然这些威胁经常被夸大，但是人们能敏锐地感受到，因此考虑采取措施控制外来人口的涌入，特别是无序的涌入，是有益的。

除了上述几个方面之外，本书还会讨论影响人口迁徙研究领域的重要定义性问题。有关人类迁徙的观点发生了一些重要变化，其中的一个重要变化是，迁徙本身不再是一个独立的现象，而是广泛的"流动范式"的一部分。[1] 这种观点认为，世界范围的人口流动与商品、资源、资金、概念、污染物、毒品、音乐、数据等现代生活各方面的流动具有可比性，并往往与这些方面相联系。对于人口迁徙的研究者来说，这种多维度的研究视角意味着摒弃了有关迁徙的狭窄定义（以在目的国工作和定居一段时间为目的的人口迁徙），而是研究人口

流动本身。这本书明显地体现了这种观念上的变化，并分别用完整的篇幅讨论了音乐、游牧部落、传教士、朝圣者、士兵、探险家、国际学生、儿童、退休人员和游客等方面的话题。

我希望这种多维度的观点没有妨碍到读者理解本书的主题，并能够从中发现一些新颖有趣的东西。在筛选内容期间，我一直很享受这个过程，并尽力在不影响本书专业性的同时从新颖的角度来解读人类迁徙的各种情况。

罗宾·科恩

2019 年 6 月于牛津

图1 走下海船开始纽约新生活的移民

第 一 部 分

全 球 人 口 流 动 轨 迹

———

1

走 出 非 洲

早 期 人 类

人类最初是一个不停迁徙的物种。为了寻找食物，抵御敌人，探知周围的地理环境，人类从非洲的起源地出发，向远方迁徙，最终遍布地球表面大部分的陆地。

随着古人类学家（研究早期人类的科学家）挖掘出大量的古人遗骸，很多遗址被确定为人类的"起源地"。有时候，不同地方发现的早期人类化石遗骸看上去彼此非常接近，虽然 DNA 标记[①]显示，这些人类可能存在差异。随着考古发现不断取得进展，人们在不断审视人类进化的具体过程。人们在马拉帕洞穴（Malapa Caves）发现了约 200 万年前的典型早期人类骨骼化石。这个被现代人称为"人类的摇篮"（Cradle of Humankind）的世界遗产位于南非约翰内斯堡西北大约 45 千米处。

东非经常挖掘出"现代人"的化石，比如能人（Homo habilis）、直立人（Homo erectus）和匠人（Homo

图 2　从左到右：能人、直立人、智人

ergaster），他们后来进化成为我们最为熟知的祖先"智人"（Homo sapiens）。与很多早期人类不同，直立人胳膊短，腿细长。他们将两只手解放了出来，像现代人一样行走和奔跑。

大约 20 万年前，人类从东非大裂谷出发向北迁徙。因为当时各大陆板块接合在一起，所以他们得以逐渐迁徙到

颠 覆 传 统 观 点

如果我们人类继续以小群体的方式到处迁徙，学习如何"靠山吃山，靠水吃水"，是不是会生活得更好？至少有两位知名学者认为答案是肯定的。尤瓦尔·诺厄·赫拉利（Yuval Noah Harari）认为："总的来说，与后来的大多数农民、牧羊人、工人和办公室职员相比，以采集和狩猎为生的群体似乎享有更加舒适的生活。"[1] 即使生活在最不适合居住的环境中，幸存的狩猎采集者每周也需要花 35—45 个小时来获取食物，而发达国家的定居人口每周要劳作 40—45 个小时，发展中国家的定居人口每周劳作的时间几乎是这个数字的两倍。詹姆斯·苏斯曼[2]（James Suzman）扩展和证实了这一理论。他深入卡拉哈里盆地（Kalahari Basin），研究那里的科伊桑人（Khoisan）将近 25 年。后来，科伊桑人漫长的采集狩猎生活终于结束（因为领地被定居民族侵蚀，加之气候发生变化）。不过苏斯曼说，在存续时间方面，他们绝对是迄今为止最成功的文明，享受了"原始的充裕"（primitive abundance）超过 20 万年（在这段时期内，蒙古、罗马、阿契美尼德、奥斯曼等帝国衰落和灭亡，大英帝国的"太阳"已经落下）。

我们往往将文明想象成定居生活对流动生活的胜利，然而人类的定居生活带来了很多问题。随着人们相互交流、碰撞，疾病广泛传播。而很多城市的规划者很难提供足够的食品、住房、交通设施、安全保障、教育、饮用水和排污设施。为了给城市提供足够的食物，农村饱受商业性农业、杀虫剂、土地过度开垦之苦。随着地球遭受环境污染、气候变化、过度开发利用的威胁，也许我们能从对生态敏感、过着迁徙生活的祖先那儿学到点儿什么？

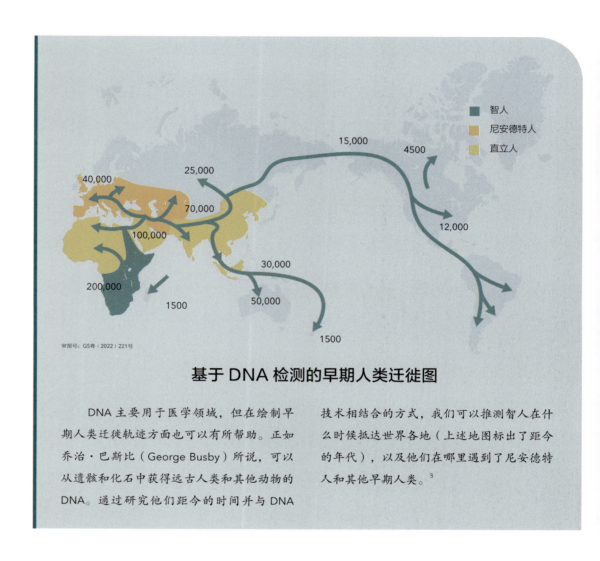

审图号: GS粤 (2022) 221号

基于 DNA 检测的早期人类迁徙图

DNA 主要用于医学领域，但在绘制早期人类迁徙轨迹方面也可以有所帮助。正如乔治·巴斯比（George Busby）所说，可以从遗骸和化石中获得远古人类和其他动物的 DNA。通过研究他们距今的时间并与 DNA 技术相结合的方式，我们可以推测智人在什么时候抵达世界各地（上述地图标出了距今的年代），以及他们在哪里遇到了尼安德特人和其他早期人类。[3]

世界各地，并在距今约 1 万年前抵达南美洲最南端。自 2013 年以来，保罗·萨洛佩克（Paul Salopek）受《国家地理》杂志委托，徒步考察了早期人类的迁徙路线（在有水域相隔的大陆之间，不得不借助船只和渡轮）（见下页图）。

人类并没有直奔合恩角②，途中有多次分岔以及沿弧线的折回。在此过程中，智人遇到了其他古人群体。随着来自遗传物质的新研究证据的发现，化石已经不再是我们追踪祖先迁徙轨迹的唯一依据。虽然如此，2017 年发表的一份研究报告还是令人觉得有些意外。那份报告说，现代欧洲人的基因组中，尼

大约20万年前，人类从东非大裂谷地区(下面地图中的"起点"处)出发，迁往非洲各地。大约6万年前，人类走出非洲，迁往世界各地。大约1万年前，人类抵达南美洲最南端。

可以不夸张地说，保罗·萨洛佩克是在古人类迁徙的"时间带"（time bands）中穿行。

在地图上将已发现的同年代的化石遗址连接在一起，然后对这些区域进行平滑处理，就形成了一个个"时间带"。

有关人类迁徙的准确时间众说纷纭，因此这张地图标注的方向不一定完全正确。

这张地图运用富勒投影技术（Fuller projection）将这一近乎环形的全球路线"拉直"，为的是更好地体现长约3.4万千米的迁徙距离。

图例中的数字表示距今多少年，单位是千。

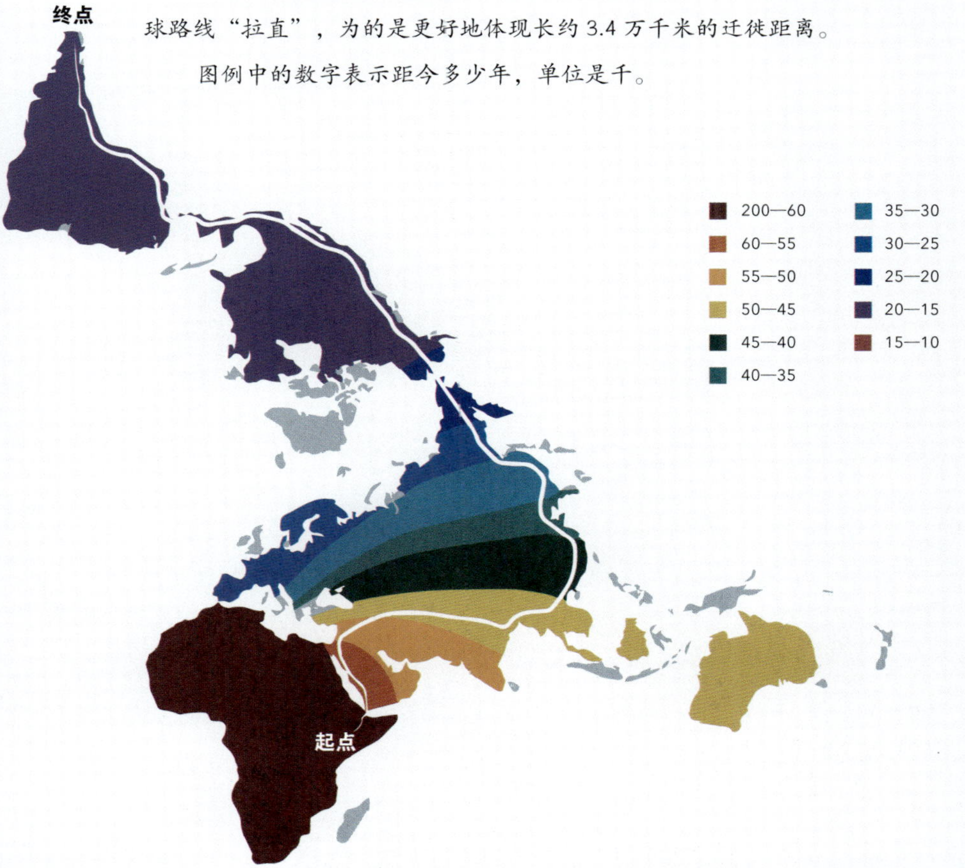

终点

颜色	范围	颜色	范围
	200—60		35—30
	60—55		30—25
	55—50		25—20
	50—45		20—15
	45—40		15—10
	40—35		

起点

安德特人的基因占据了 1.8%—2.6% 的比例。欧洲智人与尼安德特人的性接触主要发生在欧洲西南部。这一发现与先前的假设相左。此前人们认为，智人的优秀智力可以让他们避开或征服身体强健的尼安德特人。

同样令人意外的是，距今 4.4 万年前抵达英国的智人，在超过 3 万年的时间里一直保持着黑色皮肤。2018 年，在对 1903 年英国萨默塞特郡（Somerset）切达峡谷（Cheddar Gorge）的高夫洞穴（Gough's Cave）中发现的一副遗骸进行 DNA 分析之后，科学家重构了"切达人"（Cheddar Man）。

为什么后来北欧人的肤色发生了改变？这也许是因为大约 5000 年前，来自俄罗斯和乌克兰草原的古人群体混入共生，以及自然进化的结果。浅色皮肤更有利于吸收有限的紫外线，合成维生素 D，而后者对人体健康非常重要。

---

① 以两种或多种易于区别的形式存在的 DNA 序列，可在遗传图、物理图或整合图谱中用作位置标记。（本书脚注如无特殊说明，皆为译者注。）

② Cape Horn，位于南美洲最南端，智利南部的合恩岛。在南极大陆未被发现以前，这里被看作是世界陆地的最南端。

2

探　险　家

阿拉伯人、中国人和欧洲人

　　多年以来，欧洲的学龄儿童从一门叫作"地理大发现"的历史课程中认识世界上的其他地方。"地理大发现"指的是 15—18 世纪，欧洲探险家和水手们（主要来自伊比利亚半岛）大大拓展了欧洲人对海外遥远地区的认知。通过环球航行，他们最终证明了世界确实是圆的，正如人们所猜测的那样。

　　这绝对是世界历史上一个具有深远影响的时期。它为重商主义、殖民主义和传教活动奠定了基础，所有这些重要的发展也促进了人们进行大大小小的迁徙。从另一种意义上说，强调欧洲人的"发现"是一种深刻的误导。因为那些非欧洲人不需要被"发现"。"发现"一词好像意味着他们是丢失的物件。而那些非欧洲人早已知道自己在哪里。在葡萄牙和西班牙的水手之前，腓尼基人的船只已经在地中海各处游弋，维京人早在公元 1000 年左右就到达了今天的加拿大，阿拉伯三角帆船在长达数个世纪的时间里往返于阿拉伯海岸与东非海

图 3　伊本·白图泰在埃及

岸。在有记录的长途旅行方面，伊斯兰和中国的探险家、航海家远远早于欧洲。

伊斯兰探险家

伊斯兰探险家，主要是阿拉伯人，很早就掌握了先进的航海仪器，知晓波斯、印度和地中海一带的潮汐、季风、洋流和"海洋"。他们认为，波斯、印度附近的海洋和地中海是一片连续的海域。[1]毫无疑问，最有名的伊斯兰探险家是出生于摩洛哥的伊本·白图泰（Ibn

图4 航海用的伊斯兰星盘

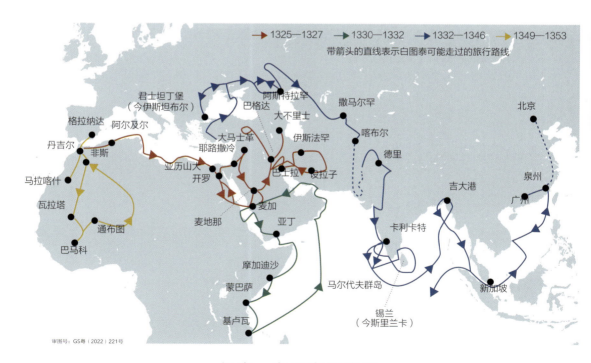

审图号：GS粤（2022）221号

1325—1327　　1330—1332　　1332—1346　　1349—1353
带箭头的直线表示白图泰可能走过的旅行路线

君士坦丁堡（今伊斯坦布尔）、格拉纳达、阿尔及尔、丹吉尔、非斯、马拉喀什、瓦拉塔、通布图、巴马科、巴格达、大不里士、撒马尔罕、大马士革、伊斯法罕、喀布尔、耶路撒冷、亚历山大、开罗、巴士拉、设拉子、德里、北京、泉州、广州、吉大港、麦加、麦地那、亚丁、卡利卡特、摩加迪沙、蒙巴萨、马尔代夫群岛、新加坡、基卢瓦、锡兰（今斯里兰卡）、阿斯特拉罕

伊本·白图泰的旅行

Battūtah，1304—1377?），也是《游记》（The Rihlah）一书的作者。这部某些章节可能经过修饰润色的游记，记录了他长达 12 万千米的游历，几乎走遍了穆斯林控制的所有地方和周边地区。

9—14 世纪是穆斯林地理发现和探索的"黄金时代"。正如一位研究伊斯兰历史的知名荷兰学者所说："欧洲应该将他们（穆斯林）视为地理知识、发现和世界贸易领域的文化鼻祖。"[2]

中国探险家

阿拉伯人探索的地方，中国探险家紧随其后。最著名的中国航海家是郑和（1371?—1433?）。他是明初航海船队的总指挥。令人好奇的是，他出身于一个穆斯林家庭。他的父亲和爷爷曾经前往麦加朝觐。也许这让他产生了远行的渴望。根据阿拉伯和后来的欧洲水手的标准，郑和船队中最大的船只体积巨大，长约 127 米，四层甲板上能容下数

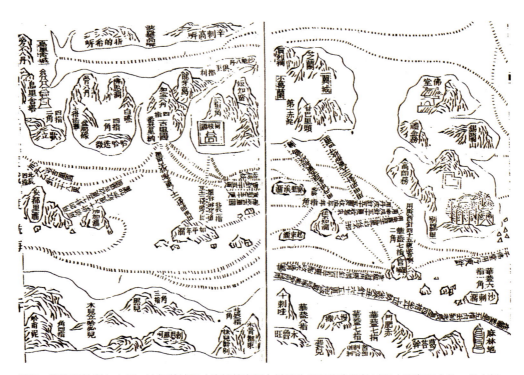

图 5　郑和远航很久之后，这幅茅坤图（卷轴航海图）被视为郑和出海远航过程中留存下来的一份史料。该图被收录在明代兵书《武备志》中

郑和远航的路线（1405—1433）

百名水手。九根桅杆高悬船帆。规模庞大的船队暗示了船队出海的主要目标，即展示明王朝的强大实力，促进贸易。从 1405 年到 1433 年，郑和七次出海，抵达了东南亚、南亚、西亚、红海和东非。[3] 在第四次出海途中，有人向他们赠送了一只长颈鹿。这只长颈鹿被当作"贡品"带回了中国。

从上页的茅坤图可以看出，中国的地图绘制法与欧洲存在着很大的不同。上方这张图用常规方式展示了郑和的航海轨迹。

欧洲探险家

传统的西方历史记载了大量知名的伊比利亚半岛水手的航海事迹，虽然他们真实的经历要比我们想象得更为复杂。克里斯托弗·哥伦布（Christopher Columbus）与"Cristòffa Cómbo"（利古里亚语）、"Cristoforo Colombo"（意大利语）、"Cristóbal Colón"（西班牙语）是同一个人。他肯定没有"登陆美国（America）"，如果"America"指的是美国的话。确切地说，他的第一次远航到了巴哈马群岛。第二次远航，他抵达伊斯帕尼奥拉岛（Hispaniola，即今天的海地和多米尼加共和国），从岛上抓了1500个泰诺人（Taíno），将他们带到塞维利亚的奴隶市场。在哥伦布的指挥下，西班牙人袭击了加勒比地区的泰诺人。随后，欧洲人给当地带来了欧洲疾病（天花最为典型），实施强迫劳动，导致泰诺人在30年内几近灭绝。由于引入非洲奴隶是为了弥补当地人口的减少，我们可以间接地认为哥伦布应对跨大西洋奴隶贸易的开始负有责任。不难理解的是，在美国的很多城市和南美国家广泛庆祝的"哥伦布日"已经被"土著人日"（Indigenous Peoples' Day）或其他节日所取代。

其他重要的欧洲探险家还有亚美利哥·韦斯普奇（Amerigo Vespucci）。他以自己的名字命名了美洲，证明哥伦布的判断是错的：他并没有抵达亚洲东部边界，抵达的是另一片大陆。那一片大陆毗邻的那个大洋（即太平洋）尚未被穿越。哥伦布的错误导致了"红皮肤的印第安人"①、"印第安人"（Indios）、"西印度群岛"等一系列错误的命名。另一个重要的里程碑是达·伽马绕过好望角抵达印度（1497—1499），为的是避开地中海和中东的那些手持武器、强行征收贸易关税的中间人。从马林迪（Malindi）到科泽科德（Calicut）的最后一段航程，他是在一位当地向导的帮助下完成的。这位向导熟悉那段航线，是因为在当时，东非与印度之间的贸易航线已经很成熟了。[4]

有鼻子有眼的传说和半真半假的传言有时让人们很难准确判断谁抵达了哪里，以及他们的先后顺序。但可以肯定，随着全球历史取代民族主义和宗教的叙述，这些问题将得到纠正。毫无疑问，相较于完全依靠知名探险家的奇闻轶事，通过陆路和海路将全世界连在一起，是一个非常缓慢的过程。不过这些开拓性的远航活动仍然是划时代的事件。它们为建立贸易联系、缔造帝国、开辟殖民地、出国传教、大规模迁徙所需要的通信网络铺平了道路。

---

① Red Indians，印第安人的原意是印度人。

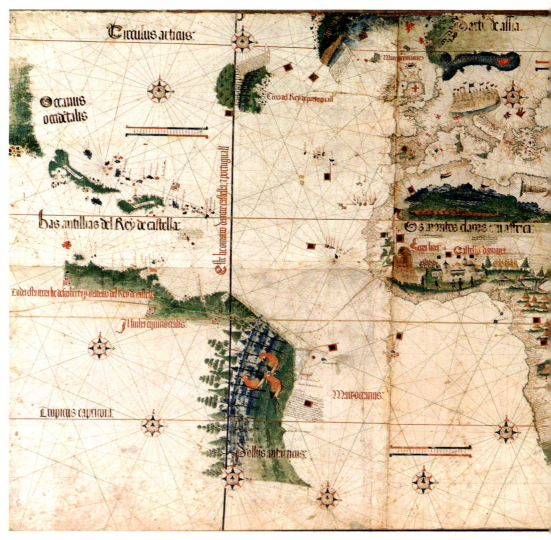

图6 绘制于1502年的坎迪诺平面球形图（Cantino planisphere）是现存最早的显示哥伦布前往美洲、加斯帕·科尔特－雷亚尔（Gaspar Corte-Real）发现纽芬兰、达·伽马远航印度、佩德罗·阿尔瓦雷斯·卡布拉尔（Pedro Alvares Cabral）抵达巴西的航海图

3

早期宗教和人口迁徙

虽然当今社会越来越提倡多元，但很多早期宗教的核心仍然坚信只有一套教义或一种信仰是正确的。他们认为，这种信仰必须通过传教士来传播，通过朝圣活动和会议来更新他们的宗教理念，通过驱逐异教徒的方式来保护自己的宗教。

宗教的这三个维度对全球人口流动轨迹产生了深刻的影响。

传教士

大数的扫罗[①]（他的犹太名字）是第一位伟大的传教士，在前往大马士革的路上皈依基督教。改名保罗的他成为基督最坚定的追随者，也许比其他任何人都更热衷于把基督教塑造成一个世界性的宗教。在前往安条克（今土耳其）、希腊、罗马途中，他写书、传道，在某种程度上让传教活动系统化，最终使得传教士遍布世界各地。随着殖民活动的不断发展，英国海外传道会[②]的活动逐渐扩展到了40个国家。西班牙殖民者也一手拿着枪，一手拿着《圣经》进入了南美洲。现在，美国是基督教传教工作的中心地

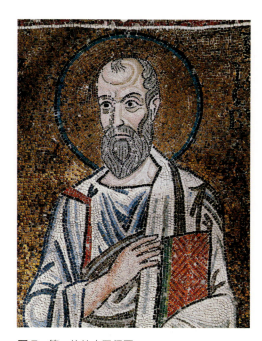

图 7　第一位教士圣保罗

图 8　释迦牟尼像

带。2010 年，在全世界大约 40 万海外传教士中，有 12.7 万来自美国。[1]

其他早期宗教也与迁徙经历有关。穆罕默德的希吉拉③（从麦加逃亡到麦地那的旅程）为伊斯兰教的创立和传播提供了一个模板，而释迦牟尼六年的流浪生活也激励佛教徒通过苦行寻求"觉悟"。虽然用"传教"一词来描述佛教的传播是否过于西方化这一点存在一些争议，但是释迦牟尼长达 45 年努力"拂去人们眼前的尘埃"，以及南传佛教（Therevada）僧人极力让人皈依"新教义"，这实质上就是传教活动。[2]佛教在印度、锡兰、缅甸、泰国、老挝、柬埔寨、越南、印度尼西亚和中国的广泛传播就可以证明佛教的巨大影响。

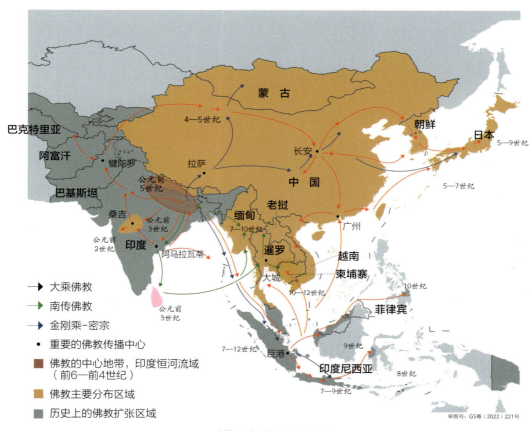

审图号：GS粤（2022）221号

佛 教 的 传 播

图例：
- ➤ 大乘佛教
- ➤ 南传佛教
- ➤ 金刚乘-密宗
- • 重要的佛教传播中心
- ■ 佛教的中心地带，印度恒河流域（前6—前4世纪）
- ■ 佛教主要分布区域
- ■ 历史上的佛教扩张区域

图9　公元 622 年，穆罕默德逃往麦地那

朝圣和会议

本书在其他章节单独讨论了穆斯林的麦加朝圣。这里，我们专门介绍德克·霍尔德（Dirk Hoerder）称之为拉丁基督教世界④朝圣的"黄金时代"，即从 11 世纪到 14 世纪的这段时期。[3] 这些朝圣者在中东、欧洲四处活动，为车马、行人和珠宝、圣像、香水等小商品的交易开辟了新的路线。耶路撒冷、罗马、圣地亚哥－德孔波斯特拉（Santiago de Compostela，即西班牙）是他们尤

其青睐的目的地。人们兴建或瞻仰带有神圣传说的地方，尤其是存放圣者遗物的地方（有的圣者遗物明显是伪造的）。耶稣的裹尸布、耶稣尸体上的裹头巾（sudarium）、荆棘王冠、钉死耶稣的那个十字架的残片，更不要说众多圣徒的头巾、骨头和遗骸，都吸引了大批的朝圣者。"Rome-faring"一词大行其道，以简化后的"roaming"（即漫游，来自古英语和原始日耳曼语）形式进入了英语。吸引人们的另一个重要地方是圣地亚哥－德孔波斯特拉大教堂。该教堂

—— 圣雅各之路的四条路线
（法国）

—— 圣地亚哥朝圣之路的两条路线（西班牙）

审图号：GS粤（2022）221号

圣 雅 各 之 路

于 1211 年投入使用。据说圣雅各（St. James）就埋在那里。虽然不是所有朝圣者都认可这一传统说法，但还是有数百万人光顾了那里。2017 年，大约有 30 万人步行或骑行在"朝圣之路"上。其动机五花八门，虽然很多人是为了获得某种精神体验，但并不都是出于宗教原因。

除了朝圣之旅，基督教知名人士定期召开大会。其中的一次大会是 1215 年召开的拉特兰会议（Lateran Council）。参会者有 400 名主教、800 名修道院院长。每位参会者都有 10 人左右的仆人和牧师随行。

驱逐

坚信只有自己信仰的宗教才是正统，这种想法催生了大规模的驱逐行为——在中世纪和近代的欧洲，犹太人和穆斯林往往是大规模驱逐的目标。1290 年，犹太人被驱逐出英格兰。后来，

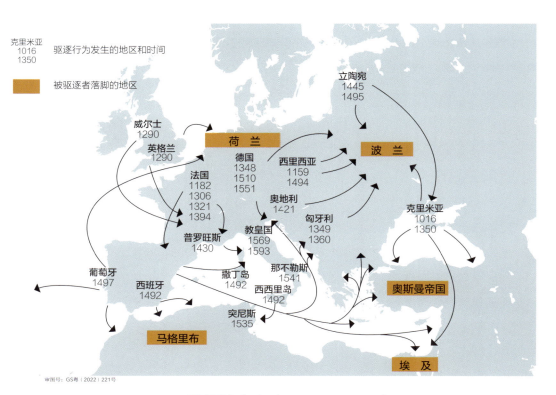

克里米亚
1016
1350 驱逐行为发生的地区和时间

被驱逐者落脚的地区

审图号：GS粤（2022）221号

驱逐犹太人（1100—1600）

其他欧洲国家也大规模驱逐犹太人。不过，规模最大、持续时间最长的驱逐行为发生在西班牙（1492），以及 5 年后的葡萄牙。

1492 年的驱逐活动缘于《阿尔罕布拉法令》（Alhambra decree）。该法令特别针对那些被认为秘密信奉犹太教的皈依者。可以理解的是，相较于面对宗教裁判所大法官托马斯·德·托克马达（Tomás de Torquemada，1420—1498）等人的迫害，穆斯林和犹太人更倾向于改变自己的信仰。因为担心一些自称改变信仰的犹太人心口不一，大约 20 万犹太人被驱逐。塞法迪（Sephardi，希伯来语，意为"西班牙的"）犹太人经常说着独特的拉迪诺语，被驱逐后流落到世界各地。

1492 年，格拉纳达王国（Emirate of Granada）这一安达卢斯⑤地区最后一个伊斯兰国家也落入了信仰天主教的君主阿拉贡的斐迪南二世和卡斯蒂利亚的伊莎贝拉一世手中。摩里斯科人（Moriscos，改信基督教的穆斯林）在极不稳定的状态下又在那里生活了一个世纪后，1609 年，西班牙的腓力三世驱逐了所有摩里斯科人。和自称转信天主教的犹太人的情况一样，当政者怀疑摩里斯科人也在暗地里继续信仰伊斯兰教。

---

① Saul of Tarsus，即保罗，亦译"保禄"。
② Church Missionary Society，现名英国圣公会差会（Church Mission Society）。——作者注
③ Hegira，源自阿拉伯语，意为"迁徙"。

④ Latin Christendom，也称西方基督教世界，和以君士坦丁堡为中心的东方基督教世界相对而言。
⑤ 安达卢斯是中世纪的穆斯林对伊比利亚半岛的称呼。

4

游牧部落

从 乌 合 之 众 到 帝 国

在人类历史的大多数时间里，小群体的狩猎采集者应对季节变化，逐水草而居，随着他们赖以捕猎的动物的迁徙而迁徙。虽然很多人后来开始过定居生活，靠种地、饲养牲畜为生，但游牧生活从来没有完全消失。

当今，传统的游牧生活局限在半沙漠、丛林、偏僻岛屿或北极地区，这种古老的、不断迁徙的生活方式正在受到威胁。在大多数狩猎采集社会，没有强有力的领导制度或任何类似国家的组织形式。不过，如果认为游牧生活只局限于小群体就错了，因为在某些情况下，一个宗族或部落联合起来，在魅力超凡的领袖的领导下可以统治大片土地，甚至缔造一个地域广阔的帝国。在本章里，我们将讲述幸存至今的小部落"平原印第安人"（Plains Indians）和蒙古帝国。

幸存者

从广义上来讲，全世界大约有3000万到4000万名游牧者。[1]随着偏远地区不断因为旅游、伐木、采矿、开垦而被蚕食，尽管数量众多，小型的狩猎采集群体仍然需要在挣扎中求生存。因为要开辟油棕榈种植园（棕榈油广泛用于化妆品、燃料和食品），长期生活在亚马孙森林和类似地区的土著部落的生活环境受到威胁。在过去的十年里，油棕榈种植园的面积增加很快，现在全球范围内的油棕榈种植面积达到了2700万公

阿拉斯加原住民和阿拉斯加港湾漏油事件

阿拉斯加港湾漏油事件是石油行业历史上最为臭名昭著的污染事件。这场事故发生于 1989 年，油轮"埃克森·瓦尔迪兹号"（*Exxon Valdez*）在阿拉斯加海岸搁浅，泄漏 25.7 万—75 万桶原油。当地的阿拉斯加原住民（包括 227 个部落）的生计立刻受到了影响。来自阿拉斯加村庄"塔蒂特利克"①的一个原住民这样描述他们的困境："塔蒂特利克没有商店。人们要是饿了，就出门猎捕海豹或野鹿，抓鲑鱼和贝类动物……现在村民担心因为找不到没有被污染的动物而挨饿。"另一位塔蒂特利克村民说："用'悲惨'来形容村民的损失，这何其悲惨！"[2] 阿拉斯加格雷厄姆港（Port Graham）的酋长沃尔特·梅根那科（Walter Meganack）同样苦恼不已。他起草的发言稿名为《水死亡的那一天》（"The Day the Water Died"）。他声称："本地的情况不同于白人生活的地方，因为我们的生活方式完全不同。我们看重的东西和白人完全不一样。我们看待水、土地、植物、动物的方式都与白人不一样。白人视为运动、消遣或赚钱的事情，对我们来说是为生存而必须做的事情，为了维持我们的身体、灵魂和古老的文化，我们必须做这些事情。捕鱼、狩猎和采集是我们传统的生活节奏，是日常生活的内容，而不是度假，不是上班。"[3]

顷（6600 万英亩），相当于新西兰的国土面积。游牧群体无法逃脱采掘工业的威胁，即使在北极地区，石油公司也在威胁着原住民的生活方式。

虽然生计问题受到了威胁，但是亚马孙地区、澳大利亚中部和北部、卡拉哈里地区、中非的热带雨林、印度、拉丁美洲南部、加拿大、阿拉斯加、格陵兰岛等地的小型游牧群体依然幸存了下来。令人意外的是，世界上仍有一些"不与外界接触的群体"（uncontacted groups），他们偶尔会受到外界的关注。2018 年 11 月，安达曼群岛（Andaman Islands）的森蒂内尔人（Sentinelese）

用弓箭射杀了一名传教士，原因是这名传教士要向"撒旦的最后一个堡垒""传播耶稣的福音"。[4]

大平原的原住民

在欧洲人发现加拿大草原三省（Canadian Prairies）和美国大平原之前，生活在那里的游牧部落就有很多形象的名字。加拿大草原三省的游牧部落自称黑脚人（Blackfoot）或索尔托人（Saulteaux）。更靠南的地方生活着因为好莱坞电影而让大众熟稔的阿帕切人（Apache）、琴内人（Cheyenne）、科

曼奇人（Comanche）、克里人（Cree）、克劳人（Crow）等部落。加拿大现在称这些部落为"第一民族"（First Nations），而美国将生活在大平原上的游牧民族称为"美洲原住民"。虽然过去的称谓"平原印第安人"现已不流行，但它的好处是传递了这样的含义：生活在"大平原"的部落有着独特的文化、社会和经济习俗，尤其是在18世纪和19世纪上半叶。

虽然大平原上的一些印第安人处于半定居状态，但他们中的大多数仍然靠围猎大草原上游荡的大群野牛，在马背上驱集和猎杀这些动物为生。在18世

审图号：GS粤（2022）221号

19世纪中叶平原印第安部落的游牧地区（橙色部分）

图 10 天才画家乔治·卡特林（George Catlin）用绘画记录了平原印第安人为捍卫自己生活方式而英勇反抗的事迹

纪末，大平原上可能有多达 6000 万头野牛。野牛虽然凶猛可怕，但无法在涌入的白人定居者的枪下逃生。在这场有记录的人类对另一个物种最野蛮的屠杀中，白人猎手在 1850—1895 年期间将大平原变成了一个露天的屠宰场。野牛数量骤减到 1000 头。对于平原印第安人来说，后果是灾难性的。他们也曾多次勇敢地站出来，反对白人的入侵。但在那之后，他们的游牧文化彻底瓦解。今天，"平原印第安人"的后代定居在面积很小的保留地上。

蒙古帝国

1206—1259 年，成吉思汗创立的蒙古帝国成为"人类历史上最大的帝国"。它从东南亚一直延伸到东欧，据估计人口超过 1 亿[5]（当时世界总人口大约是 3.6 亿）。蒙古帝国结合了三个元素——军队的机动性、游牧生活和贸易。蒙古帝国的进攻和防卫都需要骑在奔跑的骏马上用弓箭射杀敌人。一个小小的发明，即金属马镫，就可以让他们实现准确骑射，再加上安稳的"马鞍"，骑兵部队可以迅

图 11 "丝绸之路"（红色路线）。这有些"名不副实"，因为通过这条路线交易的还有许多其他的商品

速前进，发动突然袭击或迂回，用最小的代价给予敌人有力打击。

蒙古帝国不仅靠军事征服来壮大自己的力量，还饲养动物。这些动物，按照重要性来排列的话，依次是马、绵羊、骆驼、牛、山羊。定期驱赶畜群寻找新牧场（一种移牧方式）的同时，他们也从事一些定居农业。蒙古帝国的统治也为长距离贸易的繁荣提供了一个安全的环境。尽管中国丝绸贸易利润颇丰，让这条"丝绸之路"青史留名，也有许多其他的商品从君士坦丁堡经由不断发展的海上通道贩运到杭州。

---

① 原文为 Tatilek，疑有误，应为塔蒂特利克（英语：Tatitlek），位于美国阿拉斯加州。

5

罗 姆 人 和 游 居 者

为了研究便利，游牧部落可以分为狩猎采集者、放牧者（pastoralists）和"半游牧者"。半游牧者与定居群体关系密切，但他们仍然保留着游牧习惯。由于半游牧者的定义尤为弹性，因此人们很难找到一个有关游牧群体人口的广为接受的数字。一部百科全书认为该群体一共有 3000 万—4000 万人口。[1]

"半游牧者"罗姆人

在欧洲，最知名的半游牧者是罗姆人（Romani，有时拼作 Roma），更广为人知的名字是"吉普赛人"（Gypsy）。"Gypsy"这个词被认为来源于一种误解——认为"Gypcians"（中世纪英语）指的是流浪的"Egyptians"（埃及人）。实际上，目前在基因、语言和文化方面有充分的证据表明，这一群体起源于印度西北部，尽管英格兰、威尔士、瑞典的亚种群表现出来自其欧洲邻国人口的基因漂变①以及大量的基因混杂（admixture）。[2]

当代有估测称，欧洲生活着五六百万罗姆人，主要集中在罗马尼亚、保加利亚和匈牙利，有 25 万人生活在俄罗斯、西班牙、塞尔维亚和斯洛伐克。[3]

罗姆人属于"半游牧者"，因为他们从事季节性农业生产，买卖废金属、二手汽车、家具、古董和小摆设。他们还在集市、市场和马戏团工作。罗姆人的女性成员经常兜售廉价小饰品和花束，还用水晶球和塔罗牌给人"算命"。相较于生活在肮脏环境里的贫穷定居工人，罗姆人的生活方式往往被浪漫化，

图 12　《吉普赛人露营的大篷车》（1888），阿尔勒（Arles）附近，凡·高作品

比如凡·高的画作。

　　与有关其生活方式的浪漫描述不同，罗姆人经常成为公开歧视的目标，被指责拐卖儿童、施用"妖术"、传染瘟疫、刺探情报和偷窃财物。一份由一个非政府组织和罗姆人组织编写的英国调查称，十分之九的罗姆人和游居者的孩子遭受过"种族歧视"，很多孩子太

过害怕以致不敢上学。新生儿死亡率很高，预期寿命比普通大众少 12 岁。[4] 部分是为了回应针对他们的歧视，罗姆人开始积极地参与政治，从 1971 年起，共组织了九次世界罗姆人大会（World Romani Congress），讨论怎样最有效地争取权利和代表席位。

　　随着民族主义在许多欧洲国家兴

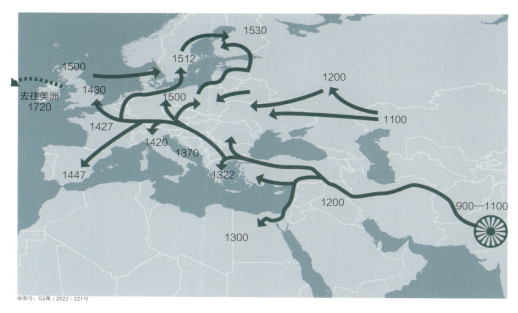

审图号：GS粤（2022）221号

罗姆人的大迁徙（900—1720）

图13　车轮旗——罗姆人之旗，在 1971 年世界罗姆人大会上获得通过

起，罗姆人传统的跨国流动要么严重受限，要么根据法律进行调整。有关法国罗姆人的一项调查讲述了他们怎样调整传统的迁徙方式，遵守新出台的移民法。在 2001—2002 年，罗马尼亚和保加利亚免除了申根签证的要求，游客可以免签证旅居 3 个月，但这也意味着更多的往返次数。因为根据免签规定，来自这两个国家的罗姆人必须定期返回"清洁"他们的护照——他们这样形容。[5]

游居者、修补匠和其他流动群体

还有一些流动群体在起源上与罗姆人无关，比如韩国的马戏团从业者、瑞典的塔特人（Tattare）、挪威的塔利人（Tatere）、芬兰的兹格那人（Zigenare）和以色列及周边地区的贝都因人（Bedouins）。历史上贝都因人曾经也是游牧群体。另外一些群体，主要是不列颠群岛上的游居者和修补匠，则是因为土地兼并、被驱逐、贫困和灾荒而被迫过着游居的生活。[6]"修补匠"一词指的是挨家挨户修理家用器具（主要是锅和水壶）的流动铁皮匠。在爱尔兰，被迫过游居生活的人数起初非常惊人。1834 年，皇家济贫法委员会（Royal Commission on the Poor Laws）估计，

图14　工作中的修补匠

在那一年的某段时间里，至少有 238.5 万名乞丐及其家人在爱尔兰的路上游荡。因为他们被排斥在爱尔兰的主流社会生活之外，所以爱尔兰游居者在很大程度上实施的是同族婚姻（在群体内部通婚），并逐渐形成了一个官方认可的族群，成为爱尔兰社会中的一个独特群体。2011 年爱尔兰的人口统计显示，爱尔兰游居者的人数大约为 2.95 万。

全球游居者

有意思的是，在 20 世纪末，居无定所的游居生活居然成为一些人主动选择或羡慕的生活方式。这些新兴的"全球游居者"（Glomads）指的是背包客，随父母去国外出差的人，以及最近出现的工作地远离传统工作场所的人（"数字游民"）。一些人生导师和未来学家也肯定这种新出现的游居生活方式。也许一些愤世嫉俗的人会认为，这种全球范围的游居生活可能是由国民护照、父母对子女的纵容、独立的收入来源、一部苹果手机和一台笔记本电脑维持的。不过，如果对他们多一些同情，我们就会发现，全球游居者确实代表了一种对久坐不动的平淡乏味生活方式的不满。后者被人们过度宣扬，将很多人固定在一个地方，固定在一个没有成就感的工作上，而且还肩负着繁重的购房贷款，接触的文化氛围非常有限。

---

① genetic drift，是指种群中基因库在代际发生随机改变的一种现象。

6

液 态 大 陆

太 平 洋 岛 民

　　"液态大陆"这个怪异的词组意味着，我们这些旱鸭子——本书的作者和绝大多数读者——在理解太平洋时必须改变"以陆地为中心"的视角。一位作家说："这个世界大约 80% 的岛屿位于东京、雅加达和皮特凯恩（Pitcairn）形成的三角形区域内。"[1]进入这片液态大陆的人们已经学会了如何适应四面都是大海的环境。

　　这些岛民对潮汐、洋流、海风非常敏感，与儒艮、海豹、鲨鱼为伴，并与海豚关系密切。他们驾船远航，随之熟稔海鸟的飞翔路线，能嗅出视线外草木的味道，知道什么时候可以在某个岛上取到淡水和食物。总之，他们业已形成了自己的海洋文化。

　　这些太平洋岛民具体是何时开始驾船探索他们生活的液态大陆，随着新观点和新科学数据的出现而不断变化。最初的观点认为，要想做到这一点，他们需要拥有长途远航所需的带有舷外撑架的独木舟。许多文化中都有这种船只，但其起源可能要追溯到现今认定的已经

发生的迁徙活动之后。因此，这就有了一个合理的推测：岛民们使用更简易的船只，比如竹筏，往来于岛屿之间。[2]

　　那些水手岛民往来于岛屿之间是出于人口压力，还是食物短缺？或者，他们

图 15　传统的带有舷外撑架的独木舟

毛利人进入新西兰

查尔斯·弗雷德里克·戈尔迪（Charles Frederick Goldie, 1870—1947）至今仍是新西兰最优秀的画家之一。他早年曾在法国学画，以其观察入微且富有同情心的笔触刻画毛利人而闻名画坛。但他不仅仅是一个人种学肖像专家。查尔斯最为知名、气势最为恢宏的作品是与他的同事兼老师路易斯·约翰·斯蒂尔（Louis John Steele）共同完成的，描绘了毛利人抵达新西兰的情景。这幅作品在某种程度上致敬了泰奥多尔·热里科（Théodore Géricault）的作品《美杜莎之筏》（The Raft of the Medusa），该画描绘了法国护卫舰"美杜莎号"在毛里塔尼亚岸边沉没之后的幸存者，见右下图）。虽然两位画家的作品极具震撼力，但这些精疲力竭、消瘦羸弱的波利尼西亚人即将上岸的形象并不完全符合历史。尽管画家的初衷是歌颂英雄主义精神，但作品更多地引起了那些白人殖民者的共鸣，他们自诩冒险家，不惧旅途危险，远赴异国寻找新生活。毛利人对自己探索和定居新西兰的理解更为平淡。虽然戈尔迪作品的初衷是好的，但很多毛利人对那幅作品感到不满或愤怒，因为该作品似乎在质疑他们是岛上最早定居者的合理性。他们在1250—1300年（基因标记显示，他们上岛的时间更早）登上岛屿时并没有经历那么多波澜。通过"双民族"（bi-nationalism）、"双文化"（bi-culturalism）理念（虽然这两个词语的具体含义还存在一些争议），双方作为新西兰最早定居者虽然没有实现完美的妥协，但毕竟达成了某种互认。

传统的太平洋岛民迁徙地图

用 DNA 标记结果绘制的太平洋岛民迁徙图

就是生性胆大的探险家和航海家？答案也许平凡无奇，就像当代很多驾车在公路上跑长途的人，他们自然地觉得途中会有可以加油、购买食物和饮料的服务站。同样，太平洋上的那些拥有成熟海洋文化的早期岛民，也会认为附近岛屿众多，驾船出行途中不久就会发现一个。

从前页两张地图，我们可以看出在有关太平洋岛屿早期人口流动的推测方面，过去广为接受的看法与现在的看法有什么不同。第 39 页上图以 1966 年问世的一部权威的新西兰历史著作为基础，利用了古生物学、考古学和语言学方面的证据。第 39 页下图以基因信息为基础，虽然它显示的人口流动方向与上图相类似，但是二者在时间方面却存在显著差异。通过基因标记，如分析单倍型基因，研究人员可以确定该岛屿长期存在的和外来种群的遗传谱系（genetic ancestry），进而为了解人口流动的方向、时间和程度提供了新的思路。

人口迁徙和社交空间

这个"液态大陆"让不少太平洋岛民将人的流动看作是一种熟悉不同文化社交空间的过程，相当于萨摩亚语中的"vā"一词。研究萨摩亚人的学者认为

图 16　草图版的《毛利人的到来》（*The Coming of the Maori*）。作者是路易斯·约翰·斯蒂尔。完成于 1901 年。在成稿里，毛利人看上去更加绝望和憔悴

"malaga"（迁徙）是一种来来回回的多次流动，原因可以是社交或文化上的，比如，寻找婚姻伴侣、出席婚礼、宣布孩子出生、庆祝新生儿诞生或参加葬礼、授予头衔、宾馆开业、献身于学校或教堂、文身、任命牧师、参加毕业典礼。

为了教育、健康或经济机会的迁徙往往包括在"vā"和"malaga"之内，这就形成了为社会习俗所接受的定义含糊的"必要的流动性"（necessary mobility）。[3]

由于海平面上升而不得不移动，传统上人们因为社交而流动的观点如今受到了挑战。所罗门群岛至少有 8 个珊瑚礁岛屿已完全沉没于水下，而海水对海岸的侵蚀严重影响了其他岛屿。可悲的是，一些以海上捕鱼为生的人们将成为未来的"气候难民"。

7

大 西 洋 沿 岸 的 奴 隶 制

奴隶制有很多种，这种社会实践的定义很简单，就是限制他人行动自由的同时霸占他们的劳动果实。很多社会都曾出现过奴隶制中的家庭奴隶制，伊斯兰文明和古希腊、古罗马在这方面都有着详尽的记载。

不可否认，家庭奴隶制也存在于被欧洲人打开大门之前的非洲，不过美洲对奴隶劳动力的需求深刻地改变了西非奴隶制的规模和特点。正式地将奴隶作为财产，组织监督（这种监督往往很野蛮）成群的奴隶从事户外劳动取代了带有脑力劳动性质的家庭奴隶制。因为奴隶是商品，所以他们（以及他们的后代）可以被买卖、赠予和继承。并且当奴隶制被废除时，奴隶所有者成功地拿到了"财产"损失补偿。

非洲逐渐崛起的帝国——主要是加纳帝国（Kingdom of Ghana）、马里帝国（Mali Empire）、桑海帝国（Empire of Songhai）——通过向大西洋市场供

图 17　位于加纳海岸角的奴隶城堡

应奴隶而巩固了国家的力量。在沿海地区，先前用于交易木料、黄金、象牙的贸易站点变成了专门的"奴隶城堡"。其中大约 40 个奴隶城堡是沿着西非的黄金海岸建造或改建成的。海岸角城堡

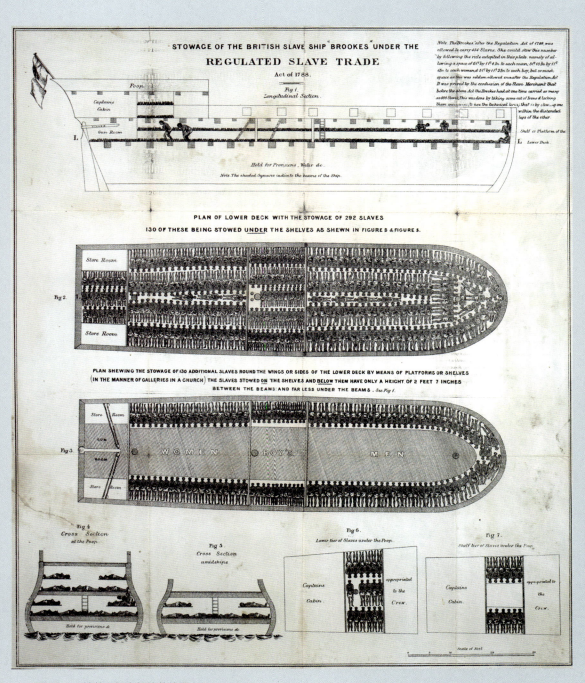

图 18　一艘英国奴隶船的装载图

（Cape Coast Castle）的地牢可以容纳多达 1000 名等待上船运走的奴隶。

欧洲商人将从欧洲运到非洲的货流构成了后来所谓的"三角贸易"的第一条航线。第二条航线，即"中途航线"，将非洲奴隶运到美洲。最后，也就是第三条航线，是从美洲将棉花、可可、糖等热带商品运到欧洲。"中途航线"发生的野蛮虐待行为经常成为人们讨论的主题。特立尼达和多巴哥前总理埃里

克·威廉斯（Eric Williams）是一位研究资本主义与奴隶制关系的历史学家。他认为，废奴主义者为了获得公众支持而夸大了"中途航线"的"野蛮"。[1] 事实上，前人的描述并没有夸张多少。每个奴隶在船上的空间不到 168 厘米 ×41 厘米，还不及一个单人棺材的大小。逼仄的空间加上周期性的传染病，更不要说习以为常的暴力，造成了奴隶的大量死亡。不过，毕竟奴隶是有价值的"货

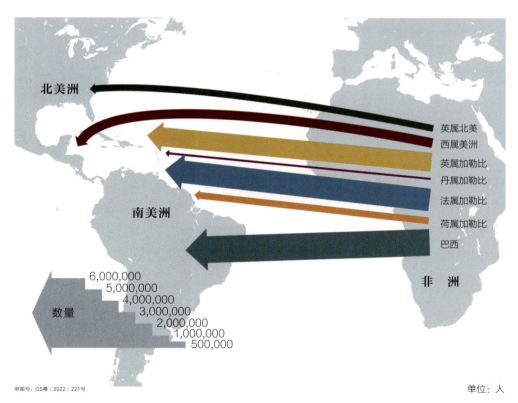

审图号：GS粤（2022）221号

单位：人

跨大西洋奴隶贸易（1701—1810）

物"，"货主"希望尽可能多的奴隶在加勒比海和美洲港口上岸时状态良好。由于当时有关这些"货物"的运输记录非常详细，因此菲利普·柯廷（Philip Curtin）经过深入研究后，第一次算出了活着抵达美洲的非洲奴隶数量——估测有 956.6 万人。[2] 毫无疑问，在奴隶城堡和越洋航行的囚禁期间都有巨大的生命损失——大约有 150 万人丧生，但这个数字仍存在争议。

跨大西洋奴隶贸易的后果

欧洲很多国家和公司参与的跨大西洋奴隶贸易造成了一系列深远的影响。非洲本土和关心非洲的专家学者认为，非洲损失了大量精壮劳动力，由此产生的消极影响是永久性和累积性的。虽然将非洲的相对落后完全归咎于奴隶贸易有些牵强，但奴隶贸易给非洲带来的情感和经济上的深深伤害一直没有弥合，而开始于 20 世纪 90 年代的全球索赔运动也一直持续到现在。

人道主义者和废奴主义者的抗议在一定程度上抵消了当年参与奴隶贸易、奴隶压榨的那些人给后代带来的罪恶感。18 世纪和 19 世纪之交开始的第一

批声势浩大的抵制运动（主要是由女性领导的）促使人们改变根深蒂固的奴隶制观念。在英格兰，佩卡姆非洲和反奴隶制妇女会（Peckham Ladies' African and Anti-Slavery Association）用一首回答了"您的茶里要加糖吗？"这一问题："不，亲爱的女士，我可不要 / 虽然有人可能说我是小题大做 / 但西印度群岛的糖会糟蹋我的茶 / 我不能，也不敢喝。"[3]

在美洲，奴隶的后裔构成了大多数加勒比岛屿的人口主体。除了海地这个明显的例外（海地革命赶走了法国人），加勒比群岛在 20 世纪大体实现了向独立国家的和平过渡。巴西东北部和美国大量的少数民族人口也是奴隶的后裔，

图19　带有反奴隶制口号的茶壶

前者融入了非洲宗教后繁荣发展；而在美国，非西班牙裔黑人占了美国人口的 12.3%。非裔美国人争取平等和尊严的斗争成为无数畅销书和电影的叙述主题。马丁·路德·金坚持不懈地争取公民权的斗争激励了很多国家的被压迫群体。2018 年，美国 37.7 % 的监狱囚犯是非裔美国人，相较于白人，被警察射杀的黑人比例要高得多。这意味着，在争取平等方面，非裔美国人仍然有很长的路要走。

8

印 度 的 契 约 劳 工

　　1834 年，奴隶制在大多数英国殖民地画上句号，种植园主为自己损失的"财产"寻求补偿。之后，他们开始在全世界范围内寻找替代劳动力。虽然他们在日本、中国等地招募了不少契约劳工，但大部分契约劳工来自于印度次大陆。

图 20　20 世纪初在英属东非修建的乌干达铁路

　　数量庞大的契约劳工被招募到纳塔尔（Natal）、英属圭亚那（British Guyana）、斐济、特立尼达、锡兰、马来半岛、缅甸和毛里求斯（Mauritius）的糖料作物种植园，同时，也有不少人被派去修建港口和铁路，其中包括肯尼亚—乌干达铁路（Kenya-Uganda Railway）。

　　契约劳动是一种债务劳役（bonded labour）。劳动者与单一雇主签订独家

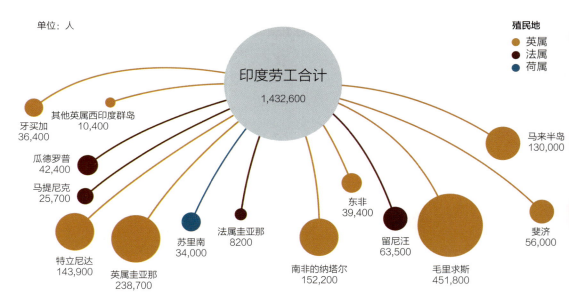

单位：人

殖民地
- 英属
- 法属
- 荷属

印度劳工合计
1,432,600

牙买加
36,400

其他英属西印度群岛
10,400

马来半岛
130,000

瓜德罗普
42,400

马提尼克
25,700

东非
39,400

斐济
56,000

特立尼达
143,900

苏里南
34,000

法属圭亚那
8200

留尼汪
63,500

英属圭亚那
238,700

南非的纳塔尔
152,200

毛里求斯
451,800

来自印度的契约劳工（1834—1917）

1834—1917 年，英国向殖民地运送了近 150 万契约劳工，主要是在糖厂工作

劳动契约，并受到许多限制。来自印度的契约劳工签署的劳动契约一般是 5 年，其回报是前往工作地的免费船票、疾病救助、住房和少量的工钱。在很多情况下，雇主还承诺，如果劳工工作满 10 年，将免费提供或补贴契约劳工返回印度的船票。使用契约劳工的时间从 1834 年持续到 1917 年。通常认为，这个时期契约劳工的数量大约为 150 万，尽管这个数字不太精确。

休·廷克（Hugh Tinker）详细记叙了印度劳工的海外历史，这是一份令人震惊的控诉书。他引用英国首相约翰·罗素勋爵（Lord John Russell）的话，认为这是一种"新的奴隶制度"。虽然所有劳工在一份表示"双方自愿"的协议上签了字（或画了押），但是很多人是被中间人集中在一起，然后强迫他们赶往位于马德拉斯（Madras，今称"金奈"）、卡来卡（Karaikal）的港口出发。至于乘船去哪里，他们大都稀里糊涂。用以确定他们的身体条件是否可以经受未来艰苦的旅程和劳动条件的医学检查进行得仓促而草率。让这一体系非

图 21　刚抵达特立尼达的契约劳工

常接近奴隶制的是船上的死亡率（例如，在 1856 年前往西印度群岛的船上，契约劳工的平均死亡率超过了 17%），以及恶劣的住房、医疗条件和可怜的工资，特别是刑罚的广泛使用。[1]

英国殖民当局在契约劳工的到达港委派了针对外来移民的"保护官"，然而这些官员往往形同虚设。仅在 1892 年一年里，根据斐济关于惩罚性劳动的法律，超过 40% 的契约劳工被判有罪。相较而言，同一年里，在劳工告雇主的案件中，只有一个雇主被定罪。甚至在劳役结束后，当契约劳工为回程船票维权时，他们最终也可能陷入困境。

一位名叫塔库尔·加贾达尔（Thakur Gajadhar）的契约劳工，在苏里南生活了 15 年后向加尔各答的外来移民保护官提出"冒昧的请求"的信件被人发现。在那份求助信中他哀叹说，他"身无分文，解雇后被驱赶，求助无门……周围无人愿借我一个铜板，您可否资助我火车票，让我能回到老家班达"。[2] 不知道对方是否答应了他的请求。

大多数国外劳工在契约期满后没有回印度，他们的许多后代实现了社会地位的飞跃。举两个例子，英联邦秘书长、圭亚那的前外交部部长施里达斯·兰法尔（Shridath Ramphal）爵士的曾

多元社会的形成

众多印度移民抵达这些殖民地，对当地多民族融洽相处产生了巨大影响。

在特立尼达和圭亚那，种族之间的紧张关系很普遍，但非洲裔和印度裔人口数量相仿，这有助于避免种族之间发生血腥的暴力行为。

在斐济，虽然印裔斐济人仍旧是数量庞大的少数族裔，但他们的社会地位很不稳定。那些最初来自美拉尼西亚的斐济原住民经常挑战他们在斐济生活和拥有不动产的永久权利。种族冲突，尤其是关于他们背后支持一些政变的指责导致了大量印裔斐济人的出走。从1956年到20世纪80年代后期，印裔斐济人一直占人口的大多数，到2017年，印裔斐济人在88.5万的全国总人口中的比例下降到了37.5%。

在南非，纳塔尔甘蔗种植园中的契约劳工，加上所谓的"自由印度人"和商人，在不断发展的殖民地经济中占据了一席之地。1948年种族隔离政府当选后，印裔南非人发现他们的权利被进一步侵蚀，于是经常设法在政治上联合受压迫的、占南非人口大多数的原住民。

在所有海外印度人中，在当地的政治和人口数量方面最具优势的是生活在毛里求斯的印裔人。印裔毛里求斯人组阁政府，占据了政界、商业和职业精英中的关键位置。由于该岛在被殖民之前没有原住民，因此外来人口（包括中国、法国、非洲大陆和马达加斯加移民）相较于其他地方更大程度地混居在一起，融合出一个庞大的混血群体。最近，随着岛上寻根"印度母亲"运动的兴起，人们对自己的印度族裔身份的自信开始普遍起来。

图22　1999年5月19日，马亨德拉·乔杜里（Mahendra Chaudhry）成为斐济第一位印裔总理。但在2000年发生的一场政变中，他被扣押为人质，随后被总统解职。在2007年发生的另一场政变中，他又重新登上了政治舞台

图 23 作家维迪亚德哈尔·苏拉吉普拉萨德·奈保尔

祖母就是 1881 年从加尔各答前往乔治敦[①]的一位契约劳工;维迪亚德哈尔·苏拉吉普拉萨德·奈保尔(Vidiadhar Surajprasad Naipaul)爵士描写悲惨殖民过程的小说获得了诺贝尔文学奖,他的祖父母当年就是被送到特立尼达的契约劳工。

印度契约劳工的社会地位和职业与后来移居国外的那些印度专业人员的后代无法相比,不过这些契约劳工当初被送到 19 个殖民地的这一事实,为当代印度在全球文化和经济中的影响奠定了基础。

[①] 英属圭亚那首府。1966 年 5 月圭亚那宣布独立后,乔治敦为圭亚那首都

9

帝　国

劳　工　和　军　事　政　权

　　帝国统治者喜欢兴建规模浩大的公共设施工程。这些工程有些是有用的，如罗马修建水渠，将城外的淡水引入城内供民众使用；但很多工程毫无用处，只是为了安抚神明，满足强大统治者的虚荣，向臣民展示帝国的气魄，威慑敌国。

　　据有关资料称，埃及吉萨大金字塔（The Great Pyramid at Giza）是由两批人建造的。每批人数 10 万，分为 5 队，每队 2 万人。[1] 墨西哥的乔鲁拉大金字塔（The Cholula Pyramid）是吉萨大金字塔的两倍大。工匠们要把大块石头从采石场开采出来，切割后砌到相应位置上。借助绳索和滑轮，大批工匠在工头的驱赶下将石头从遥远的地方搬运回来。

　　帝国还需要军队，不但需要像罗马那样从公民中间征召的正规常备军团，还需要征召来自地方的辅助部队。除了军团和辅助部队，罗马还有从帝国边远地区征召的"野蛮人"组成的"numeri"[①]。据说，知名的奴隶起义

图 24　罗马图拉真柱局部。柱身上的浮雕是一队征召自公民的士兵在行进

领袖斯巴达克斯是一个具有游牧背景的色雷斯人（Tracian）。在公元 211 年的全盛时期，罗马军队一共有 45 万名

士兵。罗马帝国将士兵派驻到帝国各处。有关出土牙齿、骨骼的同位素分析和当代研究都能印证这一看法：罗马帝国曾派非洲士兵驻守哈德良长城，将皮克特人（Pict）和北部其他古代布立吞人（Ancient Britons）隔离在罗马帝国的不列颠省之外。

欧洲的殖民帝国

后来出现的帝国，包括那些在近代西班牙、比利时和法国殖民地建立的帝国，实质上也建立在强迫劳动和大规模征兵的基础上。拿西班牙在美洲的统治来说，西班牙王室给那里的每个委托监护主（encomendero）永久性地赐予土地和劳动力。每个监护主拥有 30—300 个"印度人"。这些"印度人"要为监护主干活，并上交一部分劳动产出，作为交换，监护主会解决他们的物质需求（住房、衣服和饮食）和精神需求（天主教信仰）。虽然西班牙王室批准该殖

图25　西奥多·德·布雷（Theodoor de Bry）创作的一幅雕刻画，描绘了波托西（Potosí）矿区地狱般的场景

民地用作农庄，但是王室最感兴趣的还是开采黄金和白银。1546 年，玻利维亚出现了采矿小镇波托西。在接下来的 200 年里，西班牙王室从那里攫取了超过 4 万吨的白银。数以千计的原住民被迫在矿井里干活。此外，同样被强迫劳动的还有 3 万名"进口"的非洲奴隶。许多人死于水银中毒（水银被用于提炼银）和残酷虐待。[2]

虽然不大可能超过波托西的恐怖环境，但比利时国王利奥波德也在刚果成功地攫取了大量宝藏。他将刚果看作是自己的私人领地，强迫刚果人给他采集橡胶。任何反抗都会遭遇暴力对待，许多人被杀害。当代一位法国记者这样评价当时的刚果："我们是人类森林里的伐木者。"[3]自由派改革家 E.D. 莫雷尔（E. D. Morel）等活动人士严厉地抨击了"红色橡胶"——意为利奥波德的私人军队国民军（Force Publique）的残暴让橡胶沾上了血腥。这些活动人士最终成功地迫使国王将控制权交给比利时政府。

西班牙和比利时的例子很典型，而法国的帝国缔造者最初也实施了强迫劳动。当他们在 1896 年占领马达加斯加时，法国总督释放了 50 万奴隶，但在同年 12 月宣布了一项义务劳动的法律。由于法国国内掀起了一场针对义务劳动

图 26　利奥波德国王的 1.6 万名雇佣军用杀戮、截肢、焚烧村庄、饥饿、扣押人质等方式逼迫刚果人完成劳动任务。这张照片的拍摄者是传教士爱丽丝·西利·哈里斯（Alice Seeley Harris）和她的丈夫约翰·哈里斯（John Harris）。他们用这些照片呼吁人们反对比利时在刚果的暴行

和军事项目死亡率的抗议浪潮，因此义务劳动法被废除，对契约劳工的法律制裁也被驳回。然而直到 1946 年，法国才最终在其他殖民地废除了服兵役和预备役的制度，该制度相当于一种劳动"税"，政府可以强迫成年男性每年给公共项目干好几天的活儿。[4]

法国主要依靠在殖民地招募的军人来维护帝国的治安。柏柏尔人（Berbers）和"哈尔基人"[2] 在阿尔及利亚为法国人而战，尽管他们经常被视为"背叛者"。而在最著名的法国殖民地军队当中，有 42 个在法国本土服役，组成了塞内加尔步兵团（Senegalese Tirailleurs）。这

图 27　塞内加尔步兵团的士兵。这些士兵于 19—20 世纪招募自法国众多的非洲殖民地

些非洲人军队纪律严明，尽管战壕冰冷，损失惨重，但他们仍然保持镇定。在凡尔登战役 90 周年纪念活动上，法国总统希拉克向一战期间战死的 7 万名殖民地战士致敬。[5]

---

① 拉丁语，本意为"数目"，也是罗马辅助部队的一种。

② Harki，在 1954—1962 年阿尔及利亚独立战争期间，阿尔及利亚本土穆斯林在法国军队中担任辅助人员的总称。这个词有时适用于所有在战争期间支持法属阿尔及利亚的阿尔及利亚穆斯林。

10

麦加朝觐

伊斯兰教五功之一

　　麦加朝觐（hajj）是虔诚的穆斯林必遵的伊斯兰教五功之一。当年，凯旋的穆罕默德在结束麦地那的长期流放生活后返回麦加。除了在年龄、健康和经济能力等方面条件不允许之外，一生至少前往麦加朝觐一次是穆斯林的"义务"（主命）。只要你"心灵纯净"，朝觐之行可以抵偿任何罪行。

　　副朝（Umrah，也称"小朝""瞻礼"）也很普遍。因为全球一共有 10 亿成年穆斯林（2018），所以潜在的朝觐者数量非常庞大。2018 年，超过 200 万穆斯林履行了这一宗教义务。

　　伊斯兰教从东方的印度尼西亚传播到萨赫勒（Sahel）西部边缘远远早于铁路和飞机的出现，因此，阿拉伯半岛之外的大多数穆斯林很少有机会前往麦加朝觐。20 世纪 50 年代之后，麦加朝觐的人数迅速增加，2012 年达到 316 万人。此后，当地政府采取了限制措施，控制前往麦加朝觐的人数。下页地图展

示了朝觐者的主要来源国家。

　　定期暴发的疾病、踩踏事件导致的伤亡、火灾和骚乱严重考验着沙特当局管理和组织麦加朝觐的能力。不过，他们并没有停止努力。从 2000 年开始，沙特阿拉伯政府每年投资大约 2000 万美元，用于修缮宗教设施、机场、公路、安全隔离设施和人群疏导措施，还在麦加以东 8 千米处的米纳兴建了 10 万顶加装空调的帐篷。组织者和指导者每年参照举办奥运会的严谨态度来管理朝觐活动。[1]

　　深谙人们朝觐愿望的旅行社还准备

年份	人数（人）	年份	人数（人）	年份	人数（人）	年份	人数（人）
1920	58,584	1990	827,200	2000	1,913,263	2010	2,789,399
1921	57,255	1991	720,100	2001	1,944,760	2011	2,927,717
1922	56,319	1992	1,015,700	2002	2,041,429	2012	3,161,573
1941	24,000	1993	992,800	2003	2,012,074	2013	1,980,249
1950	100,000	1994	997,400	2004	2,164,479	2014	2,085,238
50年代	150,000	1995	1,046,307	2005	2,258,050	2015	1,952,817
60年代	300,000	1996	1,865,234	2006	2,378,636	2016	1,862,909
70年代	700,000	1997	1,942,851	2007	2,454,325	2017	2,352,122
80年代	900,000	1998	1,832,114	2008	2,408,849	2018	2,371,675
1989	774,600	1999	1,839,154	2009	2,313,278		

1920—2018 年的朝觐者人数

（以"000"结尾的数字是近似值）

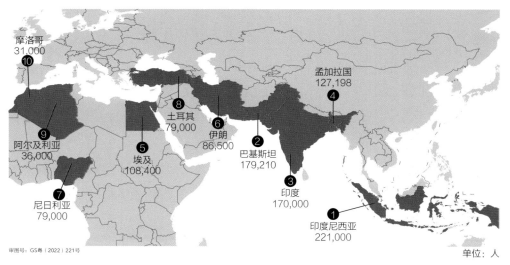

审图号：GS粤（2022）221号

单位：人

2017 年赴麦加朝觐人数最多的 10 个国家

了简便的麦加朝觐之旅指南，将实用性和宗教信仰完美结合在一起。

可惜的是，由于人性的灰暗，无良旅行社从虔诚的朝觐者身上大发不义之财。每年都会有很多欺诈事件被曝光。

英国朝觐者协会［Association of British Hujjaj（Pilgrims）UK］总干事哈立德·佩尔韦兹（Khalid Pervez）曾表示，2013年，他们收到了 3000 起投诉，远超前一年："我们称之为'欺诈'……朝觐

图28 麦加朝觐期间，麦加附近的米纳（Mina）搭起的数千座帐篷

公司承诺（朝觐者）说他们预订的是五星级旅店，结果他们过去后，发现那个地方只是两星级。他们欺骗顾客，让人们产生了不好的印象。甚至还有这样的案例：他们向顾客销售服务套餐，结果根本不履行服务承诺。"[2]英国旅行社协会（Association of British Travel Agents）已发布了要求人们小心欺诈行为的公告。

当然，大多数朝觐者并不指望下榻处有多么舒适奢华，很多人的出行条件并不好。塞纳德·哈季奇（Senad Hadzic）就是一个明显的例子。塞纳

德47岁，是一位来自波黑的穆斯林。2011年12月，他步行出发，"受神的召唤前往麦加"。他步行走了5697千米，途经波黑、塞尔维亚、保加利亚、土耳其、叙利亚、约旦和沙特阿拉伯，于2012年10月抵达麦加，正好赶上了朝觐时间。沿途，他睡在清真寺、公园和街头。在穿过交战地区时，他出示《古兰经》，以此当作"护照"。他在接受英国《独立报》（The Independent）记者采访时说："我真开心，这是世界上最漂亮的地方。"[3]

每年一次大朝觐的聚焦性质及其对

麦加朝觐之旅

《主麻拜》（*Al Jumuah*）杂志通过一张简单易懂的分步示意图，用彩页展示了麦加朝觐的过程和仪式。希望读者都有一个被真主接受的麦加朝觐。

1. 伊兰（IHRAM）

沐浴（大净）。穿上被称为"戒衣"的朝圣衣。进入小朝圣的心理状态。背诵应召词（Talbiyah）。在伊兰期间避免不规矩的言行。

2. 小朝圣

绕行天房，完成塔瓦夫仪式（Tawaf）。在易卜拉欣立足地（Maqam Ibrahim）背后诵念赞词的同时做两次拜功（rak'ah）。在萨法（Safa）和玛尔瓦（Marwah）两个小山丘之间来回走动，即刺伊（Sa'i）。修剪头发，脱去戒衣。

3. 前往米纳

伊历12月的第8天中午：再次穿上戒衣。进入大朝圣的心理状态。在这一天留在米纳。礼五番拜功，从晌礼（Dhuhr）开始，到阿拉法特日的晨礼（Fajr）结束。

4. 前往阿拉法特

第9天：在早晨前往阿拉法特山，在那里待到日落。可以待在阿拉法特的任何地方。赞颂安拉，呼求安拉帮助。向安拉忏悔，请求宽恕。将晌礼赞词和晡礼（Asr）结合在一起。

5. 前往穆兹达理法（Muzdalifah）

第9天日落后：在伊历9日日落后迅速前往穆兹达理法。将昏礼（Maghrib）与宵礼（Isha salah）合二为一进行祈祷（将宵礼简化为两拜）。露天睡一夜。第二天早晨施晨礼。

6. 回到米纳

第10天：日出后不久，离开穆兹达理法，前往米纳。向最大的石柱（Jamarat Al-Aqabah）投掷七颗石子。宰杀献祭的牲畜。剃光或剪短头发。脱去戒衣。解除房事之外的所有伊兰禁忌。

7. 再次绕行天房

第10天及以后：回到麦加大清真寺再次绕行天房，在萨法和玛尔瓦两个小山丘之间来回走动。完成这一仪式后，所有伊兰禁忌解除。

8. 回到米纳

在第10、11、12、13天：在米纳度过"塔希里克日"（Tashreeq days）。每天的晌礼之后，向三根石柱（jamarat）投掷石头，从最小的石柱开始，以最大的石柱结束。投石驱魔仪式结束之后，朝圣者可以在第12天离开。

9. 告别天房

第12天之后：前往麦加大清真寺绕行天房，并向天房礼两拜。谨记离开麦加前的最后一件事须是完成塔瓦夫仪式。

10. 回家

伊斯兰教鼓励朝圣者前往麦地那瞻仰先知的清真寺，但它不是麦加朝圣的一部分。

伊斯兰信徒精神生活的核心意义，往往会让他们忽视其他地方的伊斯兰教宗教活动，包括"前往瞻仰供奉圣祠，即圣徒、伊玛目、殉道者的陵墓"。这种外出瞻仰活动叫作"谒陵"（ziarat），参与者往往有"数百万人"。[4] 如果我们仅考虑广义上的"人口流动"，而不考虑"迁徙"的狭窄定义，那么对朝觐和其他宗教出行活动的研究其实很不充分。佛教徒、道士、基督徒和印度教徒都崇尚朝觐，有的朝觐活动人山人海。安拉阿巴德（Allahabad）的印度教朝圣活动"大壶节"（Kumbh Mela）每12年进行一次。上一次"大壶节"举行于 2013 年。在两个月的时间里，约有 1.2 亿人前往恒河、亚穆纳河（Yamuna）和"看不见的"萨拉斯瓦蒂河① 之间的交汇处。

---

① Saraswati，据近代学者考证，这条河于公元前 3000 年—公元前 2000 年之间就已经完全枯竭，现今仅存遗址。

第 二 部 分

近 代 的 人 口 流 动

11

爱尔兰的移民和"大饥荒"

恩格斯经营着他父亲拥有部分所有权的一家曼彻斯特纺织厂。他的工作并没有妨碍他和卡尔·马克思共同撰写 1848 年《共产党宣言》。而在此三年前，恩格斯在深入观察曼彻斯特的基础上，用德语发表了深刻犀利的《英国工人阶级状况》一书。

在这里，有人可能要问，一个外国的工厂管理人员怎么会对英国工人阶级的状况有如此深刻的认识？答案是，他的深刻洞察，至少在一定程度上，来自于他近 20 年的爱侣兼管家玛丽·伯恩斯（Mary Burns）。虽然出生在英格兰，玛丽的父母都是爱尔兰人。他们是爱尔兰移民群体中的一员，生活在"小爱尔兰"——曼彻斯特的贫民窟。玛丽属于"地道的无产者"。她是一位出身工人阶层的爱尔兰女性，大约 9 岁就开始为家中生计奔忙——"拾荒"（拾捡纺织厂的边角废料）。后来，她给人当家仆，

也许还当过妓女。恩格斯之所以深入了解爱尔兰移民工人，很可能是因为与这个群体中的一员长期生活。[1]

工业革命期间，爱尔兰工人涌向英国的这一历史事实为马克思构思人口迁移理论提供了关键论据。即使是现在，马克思的人口迁移理论仍旧挑战着传统观念。在马克思的人口迁移理论中，马克思首先提出，虽然人们普遍认为"人口压迫生产力"，但事实上，二者的关系是相反的——"生产力压迫人口"。其中的原理是，在压缩劳动力成本的同时给新建的工厂提供充足的劳动力，但

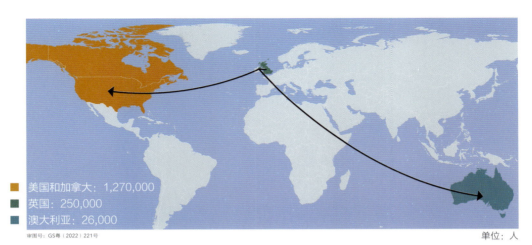

美国和加拿大：1,270,000
英国：250,000
澳大利亚：26,000

审图号：GS粤（2022）221号

单位：人

"大饥荒"移民（1845—1851）

又不能破坏小农经济。资本家必须注意保护小农经济，确保劳动者的再生产成本（包括产前喂养、生育、抚养、教育和养老）不需资本家来承担，而由其来源国或地区来承担。这样，资本家可以在需要时雇用流动劳工，不需要时即解雇，同时还可以降低本土工人的议价能力。

这套理论简洁明了。不过，这两股对抗性力量之间微妙而合理的平衡似乎带有太多阴谋论成分，也过于机械。在19世纪中叶，没有一个缜密的资本主义的方案能够维持当时处于脆弱临界点的爱尔兰小农经济。几乎就在马克思和恩格斯发表影响深远的重要作品《共产党宣言》之际，马铃薯晚疫病（potato

blight）席卷了爱尔兰，"大饥荒"（1845—1850）开始了。大约150万爱尔兰人离开了自己的国家，主要流向北美洲，还有一部分人去了英国和澳大利亚。

这一巨大不幸不乏先例。阿尔斯特（Ulster）的"苏格兰－爱尔兰人"（Scots Irish）和其他贫苦农民就被迫离开自己的土地。他们发现依靠小农场或没有土地仅靠出卖劳动力的生活越来越困难。然而，人们因为饥荒而出走的规模和速度却是前所未有的，移民的性质也发生了改变。饥荒之前的移民主要来自信仰新教的家庭。而这一次，移民的社会背景有所不同：更多单身、年轻的天主教徒离开了康诺特（Connaught）、芒斯

图 29　城市雕像，展示的是在爱尔兰都柏林的码头上，绝望的男女迈着沉重的脚步走向他们的船只。作者罗恩·吉莱斯皮（Rowan Gillespie），1997 年揭幕

特（Munster）等贫穷地区。[2]

　　这场大饥荒在心理和文化方面给爱尔兰人留下了永久的伤疤。移民们身无分文、忍饥挨饿的情景成为深深烙在他们心头的集体记忆。在被称为"棺材船"的船上，情形很像是大西洋贸易中运送奴隶的船只。途中的死亡率可能高达30%，原因往往是医疗条件过于简陋。矗立在都柏林码头上的大饥荒纪念雕像是对当年灾民的经历的感人纪念。

　　英国和美国的爱尔兰人往往是被歧视和侮辱的对象，人们拿他们的痛苦经历奚落他们。"舔锅人"（Pot-Lickers）是英语中一个表示挖苦的单词，说的是那些爱尔兰饥民为了把锅里的最后一点东西吃到肚里，每次都要把锅舔净。人们往往将美国城市里的爱尔兰人与贫穷的非裔黑人奴隶相提并论。一位作家说，美国的爱尔兰人只能通过接受美国现有白人群体的歧视性习惯才能"变白"。[3]

　　幸运的是，一些人对饥荒的反应展现出了人性温暖的一面。最让人感动的可能是北美洲原住民乔克托人（Choctaws）捐了170美元（相当于

爱尔兰移民带来的跨国习俗

爱尔兰移民对大西洋两岸社会、文化和政治方面的习俗产生了巨大影响。

在美国

- 早期清教徒、新教徒移民所反感的天主教逐渐成为美国地位牢固的基督教教派。
- 爱尔兰移民利用坦慕尼协会（Tammany Society，也称坦慕尼厅），逐渐进入民主党的政治组织中，控制政府官员的提名权和任免权。
- 虽然坦慕尼体系在20世纪60年代瓦解了，但有实力的爱尔兰裔天主教家族能够利用他们积累的财富让后代登上高位。老约瑟夫·P.肯尼迪就是一个典型的例子。他的儿子约翰成为美国历史上第一位信仰天主教的总统。
- 庆祝爱尔兰文化和传统的圣帕特里克节游行得到了很多美国城市的广泛支持。

在爱尔兰

- 为即将移民美国的亲友举行"美国守夜"（American wake）仪式成为一件很普遍的事情，这是为了送别亲友，因为他们总是认为移民美国凶多吉少。
- 拥有爱尔兰血统的美国公民会定期赴爱尔兰参加跨大西洋相亲节。
- 有爱尔兰血统（有时候这种血统很遥远）的美国政治家们为了向爱尔兰裔美国人拉选票，往往要访问"绿宝石岛"①。
- 玛丽·鲁滨逊（Mary Robinson）担任爱尔兰总统（1990—1997）时，将一根蜡烛放在官邸的窗台上，说"要永远为那些背井离乡的同胞留一柱光亮"。

图30　1984年，美国总统里根访问爱尔兰巴利波林（Ballyporeen）："今天，我作为一个长眠于这块穷人墓地之人的后代，来看望大家。"

图 31 爱尔兰科克郡（Cork）的一处雕像。将鹰的羽毛组成一个饭碗的造型，以纪念乔克托人在爱尔兰遭受饥荒时给予的慷慨帮助

今天的 4700 美元），帮助遭受饥荒的爱尔兰人。这些乔克托人当年在一场被称为"血泪之路"（Trail of Tears）的强迫迁徙中，被安德鲁·杰克逊（Andrew Jackson）政府赶离自己的家园。

---

① The Emerald Isle，因爱尔兰植被覆盖率高而得名。

12

南非的矿工

1867 年，好望角北部的金伯利（Kimberley）发现钻石。大约 19 年后，德兰士瓦的威特沃特斯兰德（Witwatersrand）发现金矿。随后，"淘金热"开始了，随即出现了对劳动力的大量需求。到 19 世纪末，将近 10 万人受雇于金矿。当地的非洲人不愿意从事危险和极其消耗体力的矿山工作，尤其是白人淘金者大量涌入，肉食、蔬菜的市场需求激增，大大刺激了非洲当地农业发展的时候。

就在 300 家新公司成立之际，第二次英布战争（Anglo-Boer War，1899—1902）摧毁了南非的劳动力市场。战争结束后，矿主们要求新上任的高级专员米尔纳勋爵（Lord Milner）解决劳动力短缺问题。

米尔纳勋爵勉强答应。虽然米尔纳"坚决反对来自亚洲的移民和商人"，但他认为"亚洲的契约劳工是很好管理的"。[1] 于是，在 1904—1907 年期间，南非从中国招募了大约 6.4 万名"苦力"。然而，迫于抗议契约条款的人道主义者的压力，英国政府叫停了这一做法。几

乎所有的中国劳工都被送回老家。

近地表的金矿层很快被开采殆尽，而深层金矿的开采成本非常高。矿主没有招募要价相对较高的本地非洲人，而是扩大了劳工招募区域，首先将目光投向了非洲"原住民居留地"，接着又开始考虑非洲其他地区的劳动力。葡属东非（今莫桑比克）是理想的劳动力来源。掠夺性的劳工承包商已经开始工作，他们将大批青壮年劳动力集中在一起，让接受了贿赂的当地酋长和官员出面，劝说人们在事先准备好的协议上签字画押。不满于这些承包商的贪婪和反复无

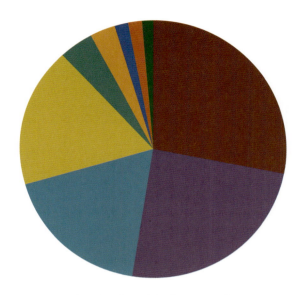

■ 葡属莫桑比克（28.2%）

■ 热带国家（主要是马拉维）（24.5%）

■ 开普省（17.9%）

■ 莱索托（17.7%）

■ 博茨瓦纳（4.1%）

■ 德兰士瓦省（3.1%）

■ 自由邦省（1.7%）

■ 夸祖鲁–纳塔尔省（1.5%）

■ 斯威士兰（1.3%）

矿工的来源地（1970）

图 32　一群手持安全灯的矿工在南非威特沃特斯兰德金矿的矿井里

常，矿业商会决定自己来做这件事。他们成立了威特沃特斯兰德本地劳工协会（Witwatersr and Native Labour Association, WNLA），该协会后来成为世界上最大的劳工招募组织，为约翰内斯堡附近的威特沃特斯兰德矿区招募了数十万劳工。

威特沃特斯兰德本地劳工协会修建了延伸到内地的公路，运营了火车，甚至收购了一批卡车和飞机将劳工运到矿山上，劳工协议到期后，把他们送回老家。周边几个国家的经济开始依赖那些矿工汇回国内的资金，以及矿业公司额外支付给当地政府的佣金。

矿山上的工作条件极度恶劣和危险：大多数非洲劳工最多只愿意忍受两年。虽然负责招募的中介机构总能找到愿意利用这个机会，在一段时间内挣工资的小伙子，但事实证明，人力成本非常高。1945—1984 年，超过 5 万人死在矿井里。矿井里潮湿的环境给那些"热带人"（来自 22 度纬度线以北的劳工）的健康造成了极大的破坏，他们普遍罹患肺炎和结核病。

上述契约招募体系是更广泛的工人招募体系的一部分。在 1948 年种族隔离政权建立后，整个非洲的劳工招募都使用这一体系。虽然当时很多非洲人已经住进了"白人区"，但"白人区"里多余的劳动力和"黑斑"（black spots）都被清走了。很多地方重新分区，就是为了建立同部族聚居的同质空间。南非政府将建立的聚居地区称为"班图斯坦"①。其中 4 个地区（西斯凯、特兰斯凯、文达、博普塔茨瓦纳）获得了"独立家园"的地位。在这里，非洲人拥有居住权、公民身份和公民权利，但是他们在南非的身份变成了"临时外国劳工"。对于数十万被迫生活在这些"家园"里的劳工来说，每天上班通勤途中花费好几个小时，穿越南非内部边界已经成了生活的一部分。

1994 年，纳尔逊·曼德拉当选总统，形势开始向好的方面发展。政府废除了班图斯坦，南非黑人获得了公民权，在国内迁徙和走动无须携带将他们限制在种族隔离区域的"证件"。矿井里的工作条件也有所改善。1993 年，有 615 名矿工死于井下。2009 年，这一数字降到 167 人，并持续下降。2016 年，这一数字创了历史新低，为 73 人。2018 年 2 月，曾在 20 世纪 80 年代担任南非全国矿工工会（National Union of Mineworkers）总干事的西里尔·拉马福萨（Cyril Ramaphosa）就任南非总统。

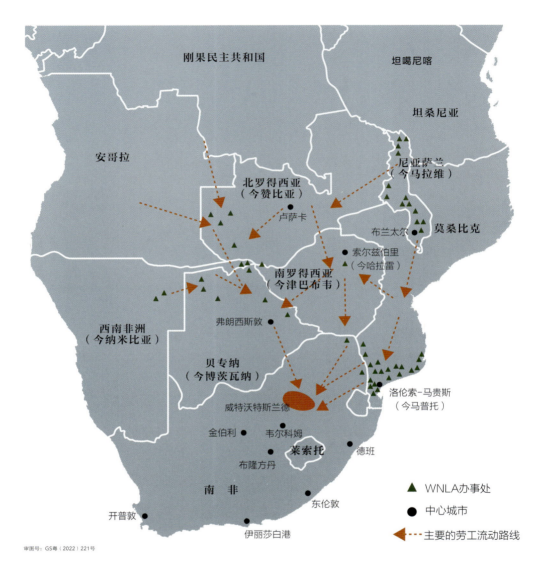

弗朗西斯敦

集合点和劳工流动路线

20 世纪 70 年代，WNLA 的招募范围扩大到了周边的非洲国家

① Bantustan，作为种族隔离政策的一部分，指南非及西南非洲（今纳米比亚）为黑人居民留出的领土，目的是集中某一族裔的人，作为替南非不同黑人种族群体创建"自治"的基础。这个术语最初在 20 世纪 40 年代后期开始使用，对于批评种族隔离政府的人士来说，这是一个带有贬义的词语。

13

从罪犯到"10 英镑内地仔"

移民澳大利亚的英国人

英国人向澳大利亚有组织的移民分为 3 个正式阶段。首先是殖民定居，然后是罪犯被送到那里强迫劳动和儿童移民，最后是受资助的家庭移民。1770 年，皇家海军舰长詹姆斯·库克（James Cook）不顾当地原住民的反对，代表英国王室宣布拥有澳大利亚东海岸的所有权。在短短的 8 年后，第一支由 11 艘满载着罪犯的船队在悉尼建立了首个罪犯流放地。

随后，塔斯马尼亚岛和西澳大利亚的斯旺河（Swan River）也分别于 1803 年和 1850 年建立了罪犯流放地。澳大利亚的其他地区被指定给了"自由移民"，不过，在 1868 年最后一艘监狱船在此抛锚前，有些地区也接收过罪犯劳工。下页图表显示了澳大利亚早期殖民历史中罪犯所占的显著比例。

在今天，很多英裔澳大利亚人昂起头来，以他们的罪犯出身为荣。同时，澳大利亚历史学家显然正专注于讨论为什么澳大利亚人不应该因为所谓的"罪犯污点"而感觉低人一等。历史上，先后总共有 24,906 名女性罪犯和 132,308 名男性罪犯从不列颠群岛被运到澳大利亚。[1] "流放"① 在当时很普遍。很多人犯了轻罪，或者仅仅是被从土地上赶走又很难在冷漠的城市里立足的无地劳工和"流浪汉"。还有一些人是拿破仑战争结束后退役的水手和士兵。后来出台的一系列《流浪法》（Vagrancy Acts）规定了流浪行为违法，认为相较于将他们囚禁在本土，将他们流放到异地，更为必要和实际。

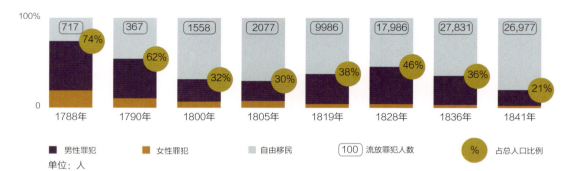

图例：
- 男性罪犯
- 女性罪犯
- 自由移民
- 100 流放罪犯人数
- % 占总人口比例

单位：人

英国移居新南威尔士的人口

19 世纪的评论人士对于被流放到澳大利亚的女性罪犯尤其苛刻，经常说她们和"娼妓"无异。这种说法完全是恶毒的夸张和胡乱猜测。那些关于下贱的标准，用我们今天的角度看来是不合适的。特别值得注意的是，尽管那个年代婚前同居现象在英国工人阶层中间很普遍，但这种行为还是被人与淫乱联系在一起。[2] 关于女性堕落的观点体现了那个时代基督教严苛草率的论断倾向，却忽视了英国贫困女性面对的严酷现实。

儿童移民

就像司法机关草率地将流浪人口流放到殖民地，而不是从根本上改善国内的物资供应，英国福利机构将移民视为应对被遗弃儿童和不良少年的出路。其间，至少 14 个福利机构参与其中，包括儿童移民协会（Child Emigration Society）、巴纳多医生之家（Dr Barnardo's Homes）、教会军（Church Army）和英国教会的流浪儿童协会（Waifs and Strays Society）。当时还出现了大量专门的救济方案，这些方案往往由王室背书，由英国和自治领政府提供资金支持。一个著名的例子是"澳大利亚老大哥计划"（Big Brother Scheme to Australia）。这一计划始于 1924 年，当时的想法是让资金雄厚的澳大利亚公民同意扮演老大哥的角色，提携来自故土的小兄弟。[3]

从 1912 年到 20 世纪 70 年代初该制度最终被废除时，总共有 6000—7000 名儿童移民抵达澳大利亚。最初的宣传口径是给不幸的孩子提供一个在阳光明媚、有益健康的气候下开始新生活的机会。但随着这些孩子长大成人，

图33　来自英国的儿童移民在西澳大利亚平贾拉（Pinjarra）的费尔布里奇（Fairbridge）农场学校踢足球，他们通过儿童移民协会移居到那里

能够为自己发声时，这一叙事就发生了改变。在许多人说起当年如何坚强地生存下来时，另一些人就会谈起他们受农场主残酷的剥削、受寄养家庭苛刻对待的痛苦经历。然而，最激烈的控诉还是针对孤儿院和农场，这些孤儿院和农场大都由基督教修道会管理。在那里，不少孩子遭到了持续的性虐待。

10 英镑内地仔

1938 年，在欢迎抵澳儿童的仪式上，珀斯的大主教宣称："空荡荡的摇篮，空荡荡的空间，不幸的此时，我们有必要另寻人口来源。如果我们不从自己的族裔中供应，我们就更可能暴露于邻近的数百万亚洲族裔的威胁之下。"[4] 二战后，这场鼓励英国白人移民澳大利亚的努力采取了新的形式，当时澳大利亚政府推出了"协助旅程移民计划"（Assisted Passage Migration Scheme）。因为有意前往澳大利亚的人只需给租来的船只或飞机交纳 10 英镑的手续费，所以"10 英镑内地仔"（Ten Pound Poms）这一口头语被广泛用来描述 1945 年后受政府资助移民澳大利亚的英国公民。

1945—1972 年，受这一计划资助移民澳大利亚的英国人超过 125 万，是历史上规模最大的有规划的移民之一。与先前的移民计划不同，这次计划针对的是那些有孩子、掌握技能和有志向的家庭。面对国内紧张的粮食配给，政府资助交通费用，承诺提供住房和工作，这种好事简直让人不敢相信是真的。仅仅第一年，申请移民的就有将近 40 万人。朱莉娅·吉拉德（Julia Gillard）就是其中最为知名的人物之一，她在童年时离开了威尔士简朴的家，后来成为澳大利亚第一位女总理（2010—2013）。接受采访时，吉拉德的父亲已退休，生活在阿德莱德（Adelaide）的一个村子里。吉拉德的父亲说："当年来这里，并没有多大的目标，只想努力干活，教育好女儿。"因为属于威尔士工党，吉拉德夫人补充说，她的女儿"只要不变成撒切尔夫人，就能成为最优秀的（总理）"[5]。

虽然"协助旅程移民计划"取得了很大成功，但它公然歧视任何非"母国"的人，让这一计划蒙上了巨大的污点。毫无疑问，这一计划的初衷是改善和强化澳大利亚来自英国的"存栏"（stock，这一种族化的描述倒是呼应了澳大利

图 34　1956 年，在伦敦的奥林匹亚展览中心，出生于澳大利亚的演员文森特·鲍尔（Vincent Ball）与两个即将参加"10 英镑内地仔"计划，随父母移民悉尼的孩子聊天

人饲养牛羊的爱好）。到了 20 世纪 70 年代，这种想法越来越脱节于时代。最终，"白澳政策"被彻底废除，移民政策的改变体现了澳大利亚的经济需求和技术短缺。出生于英国、爱尔兰的人口比例下降，为亚洲和其他非英国移民提供了机会。

出生于英国/爱尔兰的澳大利亚人（不包括原住民）

① Transportation，是英国旧时的一种刑罚，指的是罪犯被驱逐出祖国，被流放到国外一个具体指定地点，比如澳大利亚的流放地等。

1 4

欧洲人"越洋大迁徙"

　　有史以来规模最大的、建立在自愿基础上的人口大流动发生在1836—1914年。当时有3000万欧洲人越过大西洋,移民美国。他们大都是为了摆脱出生国艰苦的生活条件,而当时的美国工业正急需劳动力。大约1200万移民抵达上纽约湾(Upper New York Bay)的一个小岛,在那里,问候他们的是1886年竣工的巨大的。

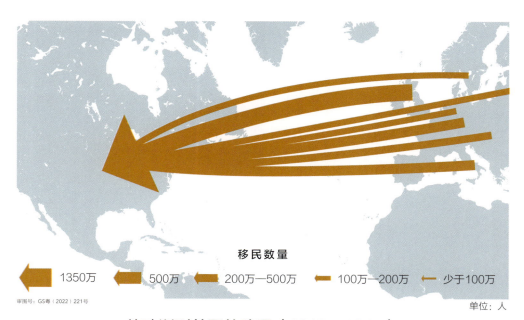

移民数量

1350万　　500万　　200万—500万　　100万—200万　　少于100万

审图号:GS粤(2022)221号

单位:人

从欧洲到美国的移民(1815—1914)

图 35　埃利斯岛俯视图，1955 年。这是数百万移民进入美国的门户

在自由女神像的底座上，刻着女诗人埃玛·拉扎勒斯（Emma Lazarus）那首著名的欢迎诗："送给我，你受穷受累的人们／你那拥挤着渴望呼吸自由的大众／所有遗弃在你海滩上的悲惨众生／给我，这些风浪中颠簸的无家之人／我在黄金时代的门口高举我的明灯！"

登上埃利斯岛（Ellis Island）的移民的经历已经成为各种文学艺术作品的素材。人们用数百吨木浆和数千米长的电影胶片来戏剧化地再现他们过去的经历。现在，岛上的移民博物馆每年要接待 200 万游客。"自由的国度""从赤贫到巨富""金时代的门口"等词语都

图 36　伊斯雷尔·赞格威尔戏剧《熔炉》（The Melting Pot）的原版封面

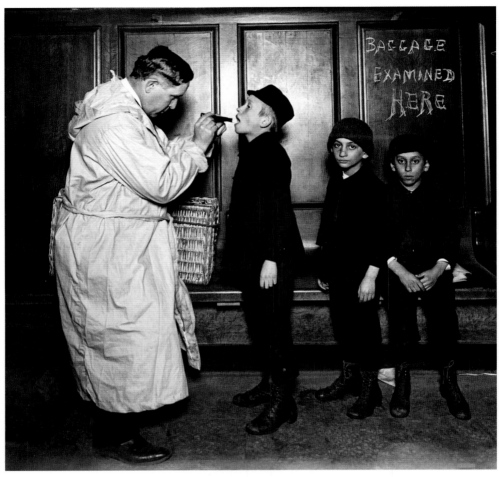

图 37　纽约市卫生工作人员在埃利斯岛上给移民儿童检查身体

源自埃利斯岛。"熔炉"一词也是如此。欢迎诗中的那些"拥挤的大众"会有足够的钱购买伊斯雷尔·赞格威尔（Israel Zangwill）1908 年在百老汇上演的热门戏剧《熔炉》的门票。剧中作为反犹骚乱受害者的孤儿主人公在感染力极强的独白中宣称，神的干预，"上帝降下来的火焰"将烧掉移民先前的身份。"德国人和法国人、爱尔兰人和英国人、犹太人和俄国人"将被扔入熔炉。他大声疾呼："上帝将（把他们）熔炼成美国人。"

在这部戏剧中，移民得到了一张单程票，抛弃了他们过去贫困的日子和生活方式，前往一个充满机遇与自由的国度。甚至在正式获准进入美国之前，这些移民的孩子就加入了埃利斯岛上挥舞旗子的游行队伍。在那里，工作人员给他们检查身体，为进入纽约做准备。

新的环境要求他们学会英语，满怀爱国热情地拥抱新身份，为建设自己的新国家贡献力量。有的历史学家观点比较谨慎，他们认为实际情况并不完全是那样。过去的生活方式是难以改变的，部分移民又回到了欧洲故土，尤其是在20世纪30年代的大萧条时期。对于来自东欧，面临贫困和歧视的人们来说，回去没有多大意义，不过有将近四分之

一的斯堪的纳维亚移民和超过一半来自意大利南部的移民回国了。[1]另外，移民们在文化上也没有完全适应。正如许多评论家所指出的那样，主流社会的预期同化道路是沿着所谓的"WASP"（白人盎格鲁－撒克逊新教徒）方向来进行。这种方向的选择忽视了非裔美国人，边缘化了越来越多的来自爱尔兰的天主教徒，以及来自南欧和东欧的犹太人。最终，带有连字符的身份——"Italian-American"（意大利裔美国人）、"Polish-American"（波兰裔美国人）以及更多的这类人——成为一种调和族

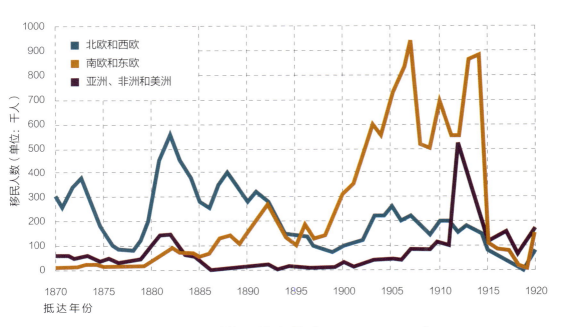

欧洲移民到美国的人数（1870—1920）

蒸汽船和移民港：安特卫普

蒸汽船取代了帆船，让大陆间大规模的人口迁徙成为可能。旅途时间从五六周缩短到不到 2 周。相较于帆船，蒸汽船更安全、更舒适，也宽敞得多。铁甲壳和螺旋桨推进器的出现意味着越洋航行将变得大受欢迎。到 1870 年，在移民美国的人们中，90% 以上乘坐的是蒸汽船。虽然对所有人来说，越洋航行不再像以往那样备受折磨，但乘客仍然有三六九等之分。高档的饮食、游戏和豪华房间只属于少数人，乘坐"统舱"的乘客则不得不忍受简陋、拥挤的环境。而他们之间只隔着几层甲板。

当年供人们离岸登船踏上移民之路的港口有很多，如利物浦、勒阿弗尔、不来梅、汉堡、格拉斯哥，但保存最好的是安特卫普。当年 200 多万移民等候船只时居住的那些建筑，如今成为红星航运公司博物馆（Red Star Line museum）。在那里，工作人员给穷困的乘客收拾了一番，将他们身上到处是虱子的衣服扔在大锅里煮，并提供了淋浴设施，医生还给他们做了体检。工作人员对那些看上去有智力障碍的乘客进行了简单的智力测试，这些测试与埃利斯岛上的类似。事实证明，用这种方式对移民进行初筛是有效的：这样一来，在埃利斯岛登陆的 1200 万移民中，只有 2% 的不合格者需要航运公司自费送回去。

其中一名贫穷的乘客是 5 岁大的男孩伊斯雷尔·伊西多尔·巴林（Israel Isidore Baline）。他随家人从白俄罗斯动身，登上了红星航运公司的"莱茵兰号"（Rijnland）。后来，他改名为欧文·伯林（Irving Berlin），成为一位多产的词曲作家。他创作的《白色圣诞节》《愿上帝保佑美国》等经典歌曲，或许比任何人都更能唤起和具象化人们心中的美国梦。我们可以从中感受到，这些文字是他发自内心的情感："愿上帝保佑美国，我无比热爱的国家 / 站在她身旁带领着她 / 让圣光引她通过黑夜。"

源和国家忠诚度的方式。

《1790 年归化法案》（Naturalization Act of 1790）为"品性良好的自由白人"提供公民身份。后来，这项法案逐渐被更为复杂的政策所代替。1911 年，迪林厄姆移民调查委员会（Dillingham Commission on Immigration）经过长期调查后出具了冗长的调查报告。这份报告先是将移民按照种族分为五类——高加索人、蒙古人、埃塞俄比亚人、马来人和美洲人。然而，这份报告又在第 9 卷中称，他们

图38　红星航运公司（Red Star Line）的海报。红星航运公司是经营从欧洲到美国运输业务的最重要的航运公司之一

在移居美国的移民中识别了 45 个"种族或民族"，其中的 36 个"是欧洲原住民"。为了限制南欧人的持续涌入（该委员会认为他们是基因劣等种族），提议实施的国籍配额制度和其他限制措施体现了他们对北欧人的青睐。然而，不管怎样，在一战爆发后，德国 U 型潜艇威胁到了商船的运输，这极大地减少了大西洋两岸之间的人口流动。

虽然大西洋两岸之间的人口流动从未停止过，但相较于太平洋两岸之间、来自美洲大陆其他地区的美洲内部人口流动，大西洋两岸之间的人口流动的重要性逐渐式微。

15

纳粹统治时期的犹太难民

在 1933 年希特勒掌权到 1940 年纳粹入侵西欧期间，超过 45 万犹太人为了摆脱纳粹在德国、奥地利和捷克斯洛伐克实施的恐怖迫害而逃亡海外。在后来的战争期间，又有数千人陆陆续续地逃了出去。逃难者留下的朋友和家人大都死在了大屠杀中。到 1945 年，欧洲战前的 800 万犹太人中，有近 600 万人被杀害。

从纳粹魔爪下逃生的知名人物

阿尔伯特·爱因斯坦
理论物理学家

马克斯·玻恩
数学家、物理学家

亨利·基辛格
外交家、政治学家

汉娜·阿伦特
哲学家、政治理论家

比利·怀尔德
好莱坞剧作家、导演

西格蒙德·弗洛伊德
精神分析学家

1933 年，也就是希特勒就任德国总理的那一年，德国约有 50 万犹太人——将近德国总人口的 1%。他们大多数人已完全融入德国社会，活跃在德国的大多数领域。犹太人在德国的法律、医学、艺术、音乐、科学、学术、政治等领域做出了杰出的贡献。在一战中，超过 10 万犹太人为德国战死沙场。

然而，很多人认为犹太人不可能是"真正的"德国人，因为他们往往首先忠诚于犹太人同胞，不论他们的同胞在哪个国家，而不是德国。在 20 世纪初，不仅德国，还有很多欧洲国家和美国，广泛流行着一种关于基因遗传的"准科学"理论，认为人类种族有优劣之分，一些种族天然优于另一些种族。从这一理论中杜撰出一种说法：各国"闪米特人"（Semites，即犹太人）正在合谋威胁纯粹的白种"雅利安人"（Aryan）。在极端的德国民族主义者看来，"Volk"——在德国、奥地利、东欧境内讲德语的各种族——属于最优等的种族。

开始新生活

逃离纳粹统治落脚美国的流亡者中有一些知名人物，如 1940 年成为美国公民的物理学家阿尔伯特·爱因斯坦。

出逃的孩子

在 1938 年 11 月 9—10 日"水晶之夜"（Kristallnacht，针对德国各地犹太人的教堂、商铺和住宅进行的暴力事件）之后的几天里，英国政府委托犹太难民委员会（Jewish Refugee Committee）安排犹太儿童离开德国的安全通道。该计划被称为"儿童转移计划"（Kindertransport）。在 1939 年 9 月战争爆发之前的 9 个月里，1 万名 2—18 岁的德国、奥地利、捷克斯洛伐克和波兰犹太儿童通过上述通道被带离德国。

儿童转移计划开始于 1938 年 12 月 2 日。每个儿童被允许携带两包随身物品。他们乘坐火车离开德国到荷兰，然后经短途渡轮前往英国。抵达英国后，他们在临时安置营地稍作停留，然后被送到愿意接收他们的家庭。

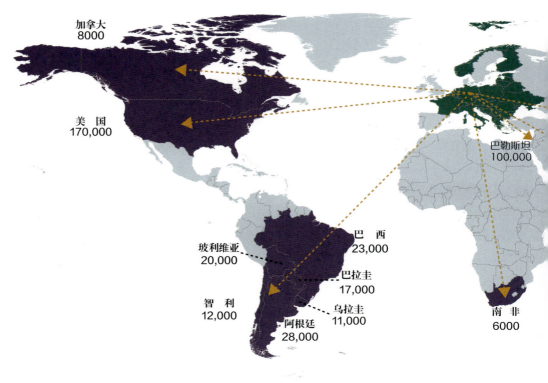

审图号：GS粤（2022）221号

德国犹太人的出逃（1933—1940）

离开德国后，许多人继续从事着他们先前的职业，如音乐家、学者、科学家。

虽然相当数量的流亡者具有从事专业技术工作的资质，但在20世纪30年代的大萧条时期，这些工作尤其难找。另外，语言上的障碍意味着许多移民只能从事打杂的工作。1939年9月，英国被卷入对德战争后，犹太人被当成潜在的危险分子关进拘留营——尽管此前

不久他们还是纳粹迫害的对象。

没有逃脱的犹太人

对于那些逃脱的犹太人来说，他们生活中最痛苦的事情莫过于惦念留下的家人和朋友的命运，因为1940年战争开始后，欧洲关闭了所有的对外通道。有些犹太人事先没有逃走，是因为他们

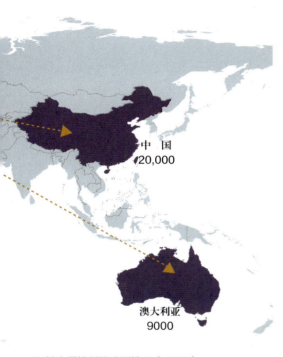

中　国
20,000

澳大利亚
9000

■ 轴心国控制的欧洲地区（1943）

■ 接收犹太难民的国家（1933—1945）

00,000 犹太难民的数量（1933—1945）

◀----- 犹太难民的出逃路线（1933—1945）

单位：人

二战前后德国、波兰、匈牙利、捷克斯洛伐克和奥地利的犹太人数量

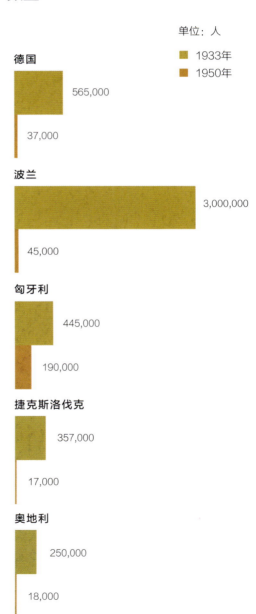

单位：人

■ 1933年
■ 1950年

德国
565,000
37,000

波兰
3,000,000
45,000

匈牙利
445,000
190,000

捷克斯洛伐克
357,000
17,000

奥地利
250,000
18,000

没有意识到迫近的危险，还有一些是因为没有找到愿意接收他们的国家，或者凑不齐足够的费用。

大约有 11.7 万名德国和奥地利犹太人逃到了其他欧洲国家，如波兰、法国、荷兰等。而当 1939—1940 年德国入侵和占领这些国家后，这些外国出生的犹太人被送到大屠杀死亡集中营的可能性最大。

16

巴勒斯坦

犹太人的迁徙和巴勒斯坦人的离开

谁是巴勒斯坦人？1969 年，以色列前总理果尔达·梅厄（Golda Meir）宣称："根本没有巴勒斯坦人这回事。历史上什么时候有过独立的巴勒斯坦民族和巴勒斯坦国？一战前，那只不过是叙利亚南部地区，后来是包括约旦在内的巴勒斯坦地区。所谓的巴勒斯坦生活着巴勒斯坦人，后来我们把他们赶走了，占领了他们的国家，这种说法根本不是事实。根本不存在什么巴勒斯坦人。"[1]

上述发言夸张地表现出一个民族的重要代表如何断然否认另一个民族的存在。巴勒斯坦领导人的回应分歧很大。约旦河西岸的巴勒斯坦民族权力机构（Palestinian Authority）的领导人马哈茂德·阿巴斯（Mahmoud Abbas）承认以色列国的正当性，而加沙地带的哈马斯领导人认为犹太人是巴勒斯坦讨厌的占领者和殖民者。托马斯·弗里德曼（Thomas Friedman）一语见地："在过去的 100 年来，通过暴力和去合法化（delegitimization），以色列人和巴勒斯坦人用尽各种方法不让对方在以色列真正有家的感觉。"[2]

从巴勒斯坦人的角度来看，最沉重的打击是，在 1948 年战争中，以色列独立，72.6 万名巴勒斯坦人逃离或被赶出家园。当下，数百万巴勒斯坦人及其后代生活在以色列周边国家和地区。巴勒斯坦人将这次事件称为"Nakba"（大灾难或大灾变）。

移民与政治

多年积攒的愤怒、似是而非的观点和偏见，使得本来已经很复杂的形势更加复杂，让人们很难全面地认识巴勒斯坦的历史。关于移民问题，最好的切入点要从 1923—1948 年的国际联盟的委任统治说起（实际上始于 1920 年）。当时，国际联盟委任英国统治"巴勒斯坦"。尽管从广泛意义上来说，巴勒斯坦所在的地区过去属于奥斯曼帝国的一部分，但是这个地区被分割为两个部分：巴勒斯坦和外约旦。第一个部分允许犹太人定居，而第二个部分不允许。在托管时期，35 万名犹太人"合法"地迁入巴勒斯坦，另有 5 万人是"非法"入境的。

虽然果尔达·梅厄嘲讽的话是事实——独立的民族国家巴勒斯坦从来没

- 允许犹太人定居的区域
- 禁止犹太人定居的区域

法属叙利亚托管地

戈兰高地（1922年交由法国托管）

耶路撒冷

安曼

巴勒斯坦

英属伊拉克托管地

外约旦

埃及

阿拉伯

审图号：GS粤（2022）221号

英国托管区

图 39　"出埃及记 1947 号"引发了有关犹太人移居巴勒斯坦正当性的激烈争论

有存在过——但随着境内犹太定居者数量的增加，一种与之对立的巴勒斯坦人身份感随之产生。为了平息巴勒斯坦人的舆论，英国人出台各种政策，尝试限制犹太人进入巴勒斯坦，并取得了不同程度的效果。然而，随着纳粹势力在欧洲的扩张，出于政治上的原因，巴勒斯坦很难限制犹太人的进入。二战结束后，集中营被清空，残余的欧洲犹太人在临时难民营中备受煎熬，让英国当局所面临的两难境地更加突出。

1947 年 7 月，"出埃及记 1947 号"（*SS Exodus*）蒸汽船载着 4515 名犹太人大屠杀幸存者驶向巴勒斯坦，这是犹太人移民的戏剧性体现。虽然英国海军拦截了这艘船，将船上的犹太人送到了塞浦路斯和德国，但对于那些要求取消犹太人移民巴勒斯坦的限制条件的人们来说，这次航行是精神上的胜利。英国出台的方案毫无章法地将巴勒斯坦分割成阿拉伯区、犹太区和英国区 3 个部分，又面临着犹太人组织伊尔贡（Irgun）的武装暴动，英国人顾不上巴勒斯坦人的命运，一走了之。1949 年 1 月，英国承认以色列建国后，"出埃及记 1947 号"上的所有乘客都被送到了以色列。

1948 年之前，巴勒斯坦人以"买卖自愿"原则，逐渐将阿拉伯人占据的

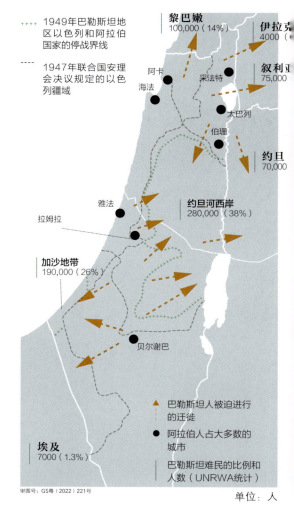

单位：人

被迫离开家园的巴勒斯坦人（1948）

巴勒斯坦土地购买过来。而巴勒斯坦人被驱逐或逃离之后，他们拥有的土地和财产怎么样了？1948 年，以色列武装部队破坏和拆除了约 615 个阿拉伯村

庄，导致大批居民流离失所。尽管来自巴勒斯坦以外的阿拉伯军队摧毁了26个犹太人定居点，但巴勒斯坦民兵基本上没做什么反抗。

很明显，出于法律细节上的考虑，1948年之后以色列购买阿拉伯人的土地和财产经历了4个阶段，时间长达12年。第一个阶段，临时性的合法分配和重新划分战争期间被占领的土地；第二个阶段，在临时的基础上发展为永久性方案，法律允许以色列政府无限制地使用相关土地；第三个阶段解决了尚未被征用的土地的正常化问题；最后一个阶段将上述土地并入"以色列国土"（这是一个新出现的法律范畴）。[3]

穆罕默德·阿明·侯赛尼（Moham-med Amin el-Husseini）认为，在72.6万名逃离以色列的难民中，去往"西岸"（指的是约旦河西岸的一片土地，后来并入约旦王国）的人最多，有28万人。其他人辗转去了加沙地带（19万人）、叙利亚（7.5万人）、黎巴嫩（10万人）、伊拉克（4000人）。[4] 一些巴勒斯坦难民后来逐渐融入了他们落脚的国家（当然，加沙不是国家），不过仍然有相当数量的人一直住在难民营或难民区里，过去的痛苦经历和以色列向约旦河西岸扩张的行为仍在助长他们的不满情绪。1950年，面对极为困难的形势，联合国成立了一个专门机构，名为"联合国近东巴勒斯坦难民救济和工程处"（United Nations Relief and Works Agency for Palestine Refugees, UNRWA），为巴勒斯坦难民提供难民身份确认、保护和住处。可惜的是，UNRWA成立将近70年后，这项工作仍未完成。2018年，作为主要资助国的美国大幅削减了赞助款之后，该机构的工作更为困难。

①　League of Nations，原文如此。实际上，国际联盟于1946年解散。

2010年难民营登记在册的难民人数

- ⬤ 100,000
- ⬤ 50,000
- ● 10,000
- · 5000

▲ 非官方难民营

⊠ 被摧毁的难民营

++++ 1949年巴勒斯坦地区以色列和阿拉伯国家的停战界线

---- 1947年联合国安理会决议规定的以色列疆域

拉塔基亚 ▲ **阿勒颇附近的奈拉布**

哈马

霍姆斯

巴里德河

的黎波里
巴达维

黎巴嫩
登记在册难民共425,640人
占2010年总人口的10.3%
进入难民营的共226,533 人

贝鲁特 迪巴耶 迪瓦那（特勒扎塔尔） 瓦维尔
Mar Elias ⊠ 吉斯尔帕夏 **巴勒贝克**
夏蒂拉
布尔吉巴拉吉纳

塞达 艾因赫勒韦 **大马士革**
Mieh Mieh ▲ 雅尔矛克
萨博那 加拉马纳
卡布伊斯特
苏尔 ⊠ 纳巴泰 汗阿夏 汗丹农
巴斯
布尔吉沙谢马利
雷希迪耶

叙利亚
登记在册难民共472,109人
占2010年总人口的2.1%
进入难民营的共127,851人

约旦河西岸
登记在册难民共778,993人
占2010年总人口的31%
进入难民营的共197,763人

德拉紧急难民营
德拉

伊尔比德
侯森（阿兹米穆夫提）

苏夫
杰拉什（加沙难民营）

努尔沙姆斯 杰宁
图勒卡尔姆 法拉
纳布卢斯 巴拉塔
一号营 阿斯卡
贾拉佐尼 **安曼** 贝卡
代尔阿马 艾因苏丹 ▲ 苏赫纳
阿马里 侯赛因山 扎尔卡
盖兰迪耶 马尔卡（施内勒尔，希特恩）
舒阿法特 阿卡巴特贾布尔 伊埃米尔哈桑（海内肯）
阿依达 贝特吉布林 安曼新难民营（瓦达特）
阿洛布 迪沙 米底巴

加沙
登记在册难民共1,106,195人
占2010年总人口的69%
进入难民营的共503,747人

塔尔比亚

约旦
登记在册难民共1,983,733人
占2010年总人口的30.9%
进入难民营的共341,494 人

贾巴利亚
沙提（加沙海滩）
努塞赖特
代尔巴拉 布雷吉
马格兹 法沃 **希伯伦**
汗尤尼斯
拉法

审图号：GS粤（2022）221号

UNWRA的难民营（2010）

17

"新联邦"移民英国

虽然英国有着悠久的欧洲之外的殖民历史，但直到二战结束后，英国政府才批准有系统地招募殖民地劳工。

1946年，面对高达134.6万人的严重劳动力短缺，年轻的工党政治家詹姆斯·卡拉汉（James Callaghan）（后来担任英国首相）在下议院演讲时说道："再过几年，我们国家将面临劳动力短缺，而不是就业机会短缺……说我们应该成为一个欢迎移民的国家听起来有点离经叛道，但这正是基于我们国家在当今世界所处位置的合理判断……我们现在理所当然地分配给国民的养老金和社会福利费用，谁来支付呢？除非我们的人口有所增加，否则在未来的日子里，我们只能通过接纳移民来覆盖这部分费用。"

虽然后来解密的英国国家档案馆文件显示，当时，政治家和官员们担心"如果英国的有色公民不愿意离开老家的话，他们可能也没有权力强行要求他们离开"，但是相反的观点占了上风。英联邦的工人熟稔英国的做事方式，也讲英语，因此比外国人更容易招募，正是因为他们是"英国子民"（British subjects）。

以受到廉价亚洲进口商品冲击最为严重的英国纺织业为例。纺织业因为没有能力斥巨资购买和投资新机器设备，所以与亚洲进口商品的竞争完全依赖于最大限度地利用现有机器设备的产能。因此，此时需要保证稳定且低成本的劳动力供给，包括那些愿意忍受轮班制度的工人。外来劳工可以弥补这一用工缺口。20 世纪 60 年代，英国三分之一的黑人劳工从事轮班工作，比例是白人劳工的 2 倍多。其他生产领域也对外来劳工需求强烈：1971 年，47% 的外来流动人口受雇于英国生产制造行业，而本地人口的比例仅为 33%。当时，福特公司在英国最大的汽车制造工厂——位于东伦敦达格纳姆（Dagenham）里，黑人劳工占 60%。[1]

最初，英属西印度群岛（即现在的加勒比地区）是很多英国新劳工的来源地。结果，加勒比地区出生的英国居民数量从 1951 年的 1.5 万人骤增至 10 年后的 17.2 万人。这时候，英国政府决定刹车。而 1958 年伦敦诺丁山的种族暴乱和普遍高涨的白人种族主义情绪直接推动了刹车措施的出台。

"新联邦"一词的抛出

种族关系的持续紧张引起了政治家和官员们的警惕，他们通过出台法律和文字游戏来限制英联邦境内的非白人移民。政府要求英国公民深入考虑新联邦（New Commonwealth）和旧联邦（Old Commonwealth）之间的不同之处。二者的区别不在于一个地区什么时候成为英国殖民地（如 1627 年的巴巴多斯），而在于什么时候独立或处于独立状态。1962 年《联邦移民法案》（Commonwealth Immigrants Act）虽然回避了"新联邦"这种表述，但人们很快就意识到，出台该法案的目的很明显，就是为了限制联邦的非白人移民。1971 年的《移民法案》（Immigration Act）明确规定：只有父母或祖父母在英国本土出生的人才可以取得"永久居留权（居住权）"。为了支持这一规定，英国内政部工作人员杜撰出"patriality"（土生土长）概念（迄今为止，没有任何一个词典收录这一单词）。政策背后的种族歧视再次清楚地暴露出来。

美国社会学家罗伯特·K. 默顿（Robert K. Merton）很好地诠释了"意外效应法则"这一说法。它非常贴切地描述了英国移民限制的后果。1961 年底，经过了至少 18 个月的广泛讨论，一部法案被提交给英国议会。1962 年初，该法案获得议会通过。同年 7 月 1 日，该法案才开始生效。这一漫长的酝酿过程向加勒比地区和新联邦其他地区传递了一个明确的信号。接下来，为了"和禁令赛跑"，大量外来人口集中涌入。此前，外来人口的进入节奏与英国国内

图 40　1958 年种族暴乱发生后不到一年，诺丁山的黑人居民在黑人木匠凯尔索·科克伦（Kelso Cochrane）被杀后，竭力平息事态。后来人们柜信，警察已经查到了那个杀人的白人，但因为忌惮再次发生暴乱而没有将他抓捕归案

图 41　（种族关系）有时候也很和谐。在 20 世纪 60 年代的诺丁汉，两名公交车售票员，来自牙买加的埃里克·考克斯（Eric Cox）（左）和同事查利·平德（Charlie Pinder）在一起愉快地吸烟

1991年，每十万英国人中的少数族裔人数

英国流入人口的结构变化

的职位空缺密切相关——如果没有一个职位在等着你，去那里干什么？[2] 在上述法律生效的 18 个月前，外来人口的净流入相当于过去 5 年的总和。[3]

亚洲人加入移民行列

1961 年后，英国的加勒比人口开始下降——新进入英国的人口很少，很多年前进入英国的人们这时候开始退休还乡——印度、巴基斯坦、孟加拉国（1971 年 12 月，一场激烈的内战之后，孟加拉国从巴基斯坦分离出来）进入英国的人口数量随即开始增长。就印度来说，在 1961—1971 年期间，英国的印度人口翻了一倍，2011 年，印度人已经成为英国出生人口最多的外国人群体。和印度的情况类似，在 1961—1971 年期间，在英国出生的巴基斯坦人也增长很快，总人口达到 13.6 万。孟加拉国流入英国的人口数量紧随其后，很多孟加拉国人去了伦敦。新世纪之初，来自"新联邦"的人口流入达到了巅峰。人口来源国从英联邦变成了欧洲。

18

土耳其人移民联邦德国

　　纳粹在二战中战败后，德国的混乱形势引发了大规模的人口流动。大约有1200万人（流离失所的人们、归家的战俘、被遣送回国的人，其中250万人是儿童）"在满目疮痍、到处是废墟的国家里四处游荡"[1]。

　　到20世纪50年代中期，联邦德国经历了劳动力短缺，这正是其战后复苏"经济奇迹"的有力证明。来自民主德国人口的持续小股流入也因政治原因停止。无奈之下，联邦德国政府从其他国家招募劳工，主要是意大利，后来发现流入的意大利劳工不够用，就开始招募土耳其劳工。

　　土耳其人移民联邦德国可以分为3个阶段：（1）"客居工人"（Gastarbeiter）阶段：1961—1973年；（2）家人团聚和"扎根"阶段：1974—2005年；（3）跨国流动阶段：2006年至今。[2]很明显，这个划分是非常粗略的，各个阶段间相

互亦有交叉。

"客居工人"

　　在20世纪五六十年代，联邦德国的政治人物们不厌其烦地强调，"德国不是一个移民国家"。言下之意是，他们无意让外来劳工在德国永久居住——他们需要的是工人，而不是移民。他们后来转向拥有大量富余劳动力的土耳其招募劳工让这一矛盾更为突出。土耳其不是欧洲经济共同体成员国。德国为了化解国内矛盾，引入"客居工人"理念。客居工人应为男性，只待有限的时间，

图42　1973年，在伊斯坦布尔的联邦德国领事馆外等待领取签证的土耳其人

没有家室，不享有永久居住权或公民权，在联邦德国企业不需要他们时，就回到土耳其。

讲德语的瑞士作家马克斯·弗里施（Max Frisch）意识到一个明显的矛盾：

"我们只需要工人，但最终来的还是各种人。"[3]雇主们抱怨政府最初规定的两年制用工合同太短：不停地招募和培训大批新员工很不划算。联邦德国政府做了让步，允许延长合同期限，允许工人的家人来联邦德国与他们团聚。这实际上改变了先前的政策，但那些官员在理论上并没有松口。

家人团聚和公民权之争

20世纪70年代，石油价格上涨近4倍后出现石油危机，引发了全球经济衰退，这也令土耳其人移民联邦德国的第一阶段戛然而止。1973年，联邦德国政府出台政策，禁止雇用外国劳工。联邦德国企业之前聘用的土耳其劳工，有三分之一回到了土耳其。对于那些继续留下来的劳工，正常的家庭生活逐渐成为可能。如表（右）所示，土耳其妇女带着孩子前往联邦德国与丈夫会合或夫妻双方在联邦德国生儿育女逐渐成为常态，至少在人口统计学方面是这样的。

2005年，德国大约生活着350万

年龄组（岁）	男性（人）	女性（人）	合计（人）
0—5	84,150	94,235	178,385
6—10	65,957	75,458	141,415
11—15	75,092	93,573	168,665
16—20	98,628	117,639	216,267
21—25	102,479	111,158	213,637
26—30	84,498	126,785	211,283
31—35	46,761	63,114	109,875
36—40	50,953	45,338	96,291
41—45	63,537	48,490	112,027
46—50	53,962	75,429	129,391
51—55	36,828	73,670	110,498
56—60	18,842	40,579	59,421
61—65	8,329	13,732	22,061
66 及以上	4,945	5,425	10,370
总计	794,961	984,625	1,779,586

1991年生活在联邦德国的土耳其公民（按年龄和性别统计）

祖籍土耳其的居民。然而，土耳其人在德国社会的融合和接纳问题一直没有消失。一位土耳其学者认为，在20世纪

图43　联邦德国公园里的土耳其女性。该图片显示，在20世纪七八十年代，联邦德国的土耳其公民性别比例逐渐趋向正常

80 年代，潜在的反土耳其主义盛行，很多人嘲笑土耳其人"滑稽另类"。他还提到 16 位大学教授签署《海德堡宣言》（*Heidelberg Declaration*），要求驱逐土耳其人，以保护"欧洲信仰基督教的西方价值观"。[4]

在德国出生的土耳其孩子虽然就读于德语学校，但有些孩子深受语言障碍、社会认同和接纳问题之苦。只有在德国生活很长时间后，土耳其人才能获得德国公民权，而来自欧盟、瑞士之外的移民通常被要求放弃母国的公民权，许多土耳其人并不愿意这样做。不过，1990 年和 1999 年的国籍法修订确实增加了永久居民的权利。

跨国流动，2006 年至今

自 20 世纪 90 年代以来，土耳其与统一后的德国之间的人口流动迅速减少，到了 2006 年，净流入德国的人口成了负数，也就是说从德国流出到土耳其的人口超过了从土耳其流入德国的人口（见下图）。这一现象很难归结为某一个原因。人口流入的严格限制、社会歧视和德国政府为了鼓励土耳其人回国提供的财务激励都起到了一定的作用，但同时，土耳其经济机会的改善也是促使土耳其人回国的重要原因。

虽然这两个国家之间仍然存在着相当数量的人口流动，不过，人口流动形

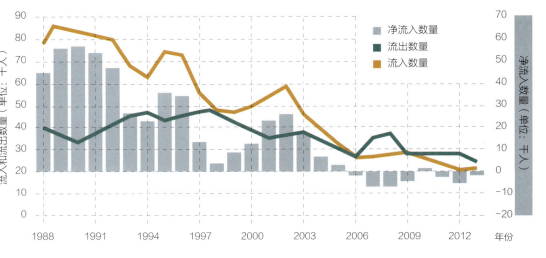

土耳其流入、流出德国和净流入德国人口的数量（1988—2014）

式发生了改变，即不同于第一阶段的客居工人、第二阶段追求永久居住（即使没有完整的公民权）的流动。这个时期的人口流动更为复杂，不但有经济方面的原因，也有社会方面的原因。生活在德国的土耳其人可能会选择退休后回土耳其生活，或者因为教育、家庭、生活方式等原因时常往来于这两个国家之间。在这个过程中，他们形成了一种既相互对立，又相互补充的忠诚。足球明星梅苏特·厄齐尔（Mesut Özil）以 8 个进球结束了 2014 年世界杯预选赛，成为德国队的最佳射手。然而，裹着国旗的土耳其球迷谴责他为德国踢球而不是为土耳其踢球。2018 年 5 月，就在土耳其大选临近之际，厄齐尔与土耳其总统雷杰普·塔伊普·埃尔多安（Recep Tayyip Erdoğan）合影，这表明他仍然坚定地从属于自己的土耳其血统，而这一次，年轻的德裔土耳其人同样批评他，因为他支持了一位极为保守的总统。

1 9
越南船民

1975 年 4 月，美国支持的南越政权垮台，越南民主共和国军队取得了军事上的胜利。随后，越南人口大规模外流。在越南，许多越南华人被视为"可耻的资本主义政权的合作者"，他们的企业被关闭，财产被没收。面对着被"调动"到农村经济区当劳工的选择，许多人向新政权交了钱，离开了越南。[1]

在 1975—1995 年的 20 年里，大约有 200 万人离开了越南，其中约 80 万人是"船民"①。尽管船民不到移民总数的一半，但由于他们乘坐的往往是异常拥挤的、根本不适合出海的船只，因此成为公众关注的焦点。

船民首先逃往亚洲国家（印度尼西亚、马来西亚、菲律宾、新加坡、泰国）或地区（中国香港、中国台湾）。他们被关押在难民营和羁留中心。逃往其他国家的船民中，有些人只是短暂停留，但也有许多人后来被永久地安置在英国、美国、法国、澳大利亚等国家。在这一时期结束之际，越南革新开放，数万人

图 44　在大海上漂泊了八天之后，35 名越南船民在小船上等待救援

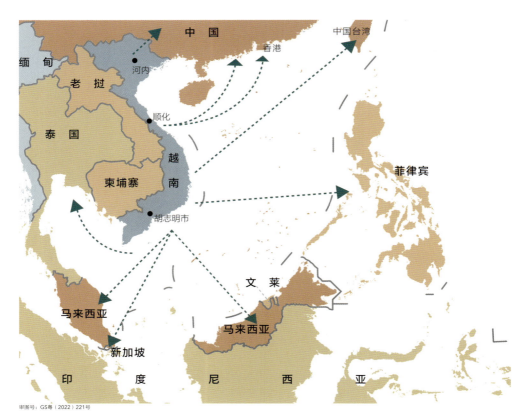

审图号：GS粤（2022）221号

越南船民最早抵达的东南亚避难国或地区（1975—1995）

又自愿回到了越南。

中国香港（港英时期）

各地接收、运送和帮助越南船民的动机各种各样。由于前往中国台湾、中国香港和新加坡的早期难民是华人，因此这些地方的人们对于难民的不幸表示同情。陈国贲（Chan Kwok Bun）指

出，虽然港英时期的香港人口稠密，但在 1975—1995 年期间，港英政府花费了 66.38 亿港元在众多船民的收养和生活费用上。英国政府和联合国难民署（United Nations High Commission for Refugees，UNHCR）给香港船民的拨款分别为 8.49 亿港元和 12.53 亿港元。[2]

图45　这道名菜叫越南粉（pho），主要食材是越南米线与法国牛肉片，汤底用牛腿骨和牛尾骨熬成

法国

在这些越南船民看来，他们最终落脚的国家里，有3个国家与他们先前生活的地区有着复杂而密切的联系，这也让这3个国家在接收越南船民这件事情上背负了更多的道德责任。在1954年之前，法国人曾经担任法属印度支那（越南和柬埔寨）的殖民地总督。而在法国的30万越南人中，有一部分就是殖民结束后逃亡法国的。不过在1975年西贡陷落之后，前往法国投亲靠友的越南人迅速增加。在法国的许多地方，别具特色的越南餐厅正是让人联想到那些年大批进入法国的越南人的鲜活证据。

图 46　1975 年岘港沦陷前两天，搭乘最后一艘货船惊惶逃离这座城市的难民

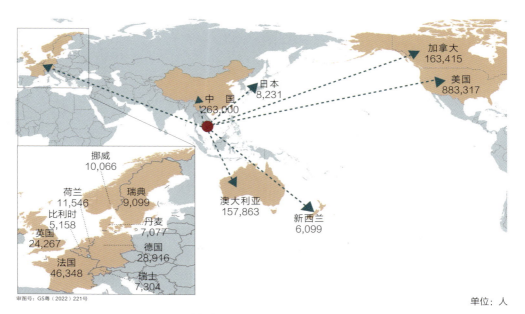

审图号：GS粤（2022）221号

单位：人

越南船民的跨洲移民

美国

越南船民逃往美国，是由于美国在越南战争中的战败。约 58,220 名美军官兵在越战中丧生，战后出现的政治动荡和情感创伤久久难以消除。接收越南船民是抚慰他们的一个重要措施。一份研究报告指出，虽然美国接收越南船民背后的动机主要是政治方面的考虑，但从长远来看，美国获得了明显的经济利益。

一般来说，侨民在推进与母国的贸易往来方面很有帮助。他们熟悉母国的语言，了解台上台下的"游戏规则"，能够利用他们可靠的人脉网络来降低成本，提高合同的收益。克里斯托弗·帕森斯（Christopher Parsons）、皮埃尔－路易·维兹纳（Pierre-Louis Vézina）通过深入观察，运用越南船民及其后代在美国的分布情况进行"自然实验"，来分析 1995 年美国解除对越南的贸易禁令后美越两国的贸易情况。他们发现，越南人脉网络每增加 10%，美国对越出口就会增加 4.5%—14%。而越南人口增加一倍，美国对越出口就会增加 45%—138%。[3]

英国

越南船民在对美国经济做出积极贡献的同时，他们的子女在教育方面也取得了显著的成就，在一些定居地区，他们的表现始终优于其他族裔群体和当地居民。英国的情况也是这样。英国也接收了许多越南船民，这些船民来自港英时期的香港。例如，2002 年在伦敦南华克（Southwark）进行的一项调查表明，约有 47% 的越南裔小学生在学校考试中取得了五门 A—C 的成绩，而英国白人学生中的这个比例是 34%。然而，这种总体的教育成功存在着显著的性别差异。越南裔女生的成绩明显优于男生，而越南裔男生似乎因为害怕被同学说成是"书呆子""不合群"而影响了学业。[4]

---

① 这里的船民指的是 1975 年越南战争结束之后乘船逃离越南的难民。

2 0

苏联解体后的移民潮

在二战后的巅峰时期，苏联拥有 15 个加盟社会主义共和国。苏联一直是一个松散联合体，100 多个民族分散居住在横跨 11 个时区的庞大地域里。另外，在 1955 年《华沙条约》签订后，一些东欧国家在政治和感情上都不愿意和苏联捆绑在一起。1991 年苏联解体后，苏联各加盟共和国迅速与俄罗斯分离，大规模的人口流动紧随其后。各民族迁移到该民族的核心聚居区，而俄罗斯士兵和俄罗斯裔人口从周边国家返回俄罗斯。[1]

这里，我们仅分析 4 个人群——犹太人、德意志人、希腊人和波兰人。

犹太人

1991 年之前，离开苏联的犹太人已经相当可观了。在签证基本上放开的那一天之后，犹太人流出的速度加快了。以色列颁布《回归法》（Law of Return）后，犹太人无须任何手续就可以进入以色列。1991 年初，大约有 50 万人进入以色列，声称自己是犹太人（虽然这个定义在很多情况下被过度延

伸）。苏联的犹太人也前往奥地利和德国，起初数量不多，但德国犹太人委员会（Jewish-German Council）欢迎这些犹太移民，认为这是重建几乎被大屠杀彻底摧毁的犹太社区的一种途径。到 2014 年，德国犹太人口（包括来自苏联以外国家的犹太人），稳定在了 11.8 万人。

德意志人

离开苏联的第二个人群是德意志人，包括 250 万伏尔加德意志人

（Volga-Germans）——生活在哈萨克斯坦和西伯利亚的德意志人的后代。1941 年，斯大林认为这些伏尔加德意志人可能与纳粹勾结，于是把他们迁到边缘地区。许多人被迫在劳改营里干活，并被剥夺了公民权，直到斯大林去世后才恢复。1992—2007 年，总共有 1,797,084 名伏尔加德意志人移居德国。[2]

希腊人

离开苏联的第三个人群是希腊人，其中有 50 万—100 万是本都希腊人[①]。他们是 8 世纪希腊移民的后代。二战期间，他们也和伏尔加德意志人一样，被斯大林强制迁到哈萨克斯坦。随着苏联解体，许多本都希腊人和来自格鲁吉亚的希腊人一起回到了希腊，希腊一直接收海外侨民。2008 年的全球经济衰退导致希腊经济陷入崩溃，大量希腊人又重新移民回到他们苏联时期的家乡。

波兰人

波兰、苏联之间有一段纠缠不清的复杂历史，始于 19 世纪俄国、奥地利和德国对波兰的各种瓜分。此外，波兰还是纳粹"东方总计划"（Generalplan Ost）的中心。许多波兰人、犹太人和罗姆人在此期间丧生或移居国外或被强制驱逐出境。苏联解体后，可能有多达

审图号：GS粤（2022）221号

迁入和迁出俄罗斯和苏联其他地区的人口

三分之二（50 万）的波兰裔苏联公民回到了波兰，尽管他们中的许多人已经与波兰的关系隔了好几代。

波罗的海国家（爱沙尼亚、拉脱维亚和立陶宛）的俄罗斯人

二战结束后，出于战略上的考虑，苏联下大力气将一些俄罗斯人迁到波罗的海国家。例如，1939 年之前，爱沙尼亚人占爱沙尼亚人口的 88%，但到了

1970 年，这个数字下降到 60%。这批俄罗斯移民连带着大约 15 万人的俄罗斯驻军。加里宁格勒飞地仍由俄罗斯人控制，而波罗的海其他国家的俄罗斯驻军逐渐撤出，最后一批军人在 1999 年 10 月离开。

虽然许多俄罗斯士兵、政府管理人员及其家人回到俄罗斯，但在作为苏联部分继承者的这 3 个国家里，庞大的俄罗斯族裔和讲俄语的少数民族仍有隐忧。2008 年 8 月爆发的俄格战争[②]（欧洲

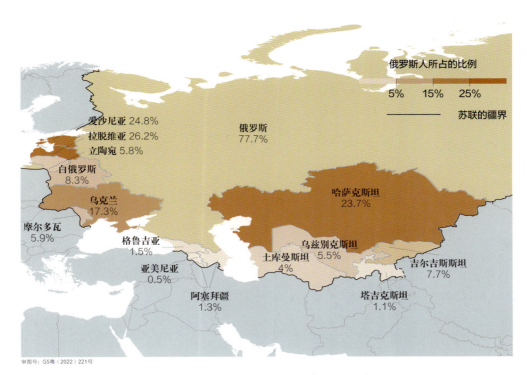

审图号：GS粤（2022）221号

苏联地区的俄罗斯人（2015）

审图号：GS粤（2022）221号

乌克兰境内的俄语人口（2008）

21 世纪的第一场战争）和拉脱维亚、爱沙尼亚、吉尔吉斯斯坦三国国内"公民权问题"引发的长期紧张就是冲突隐患的体现。[3] 2014 年 2 月的克里米亚事件使这种紧张演变成了一场严重冲突。

---

① 生活在黑海沿岸的希腊人。

② Russo-Georgian War，即俄罗斯-格鲁吉亚战争，是 2008 年 8 月 8—18 日，格鲁吉亚和俄罗斯为了争夺南奥塞梯的控制权而爆发的战争。

21

加勒比移民

"加勒比地区"没有一个准确的定义。不过，为了便于讨论出入该地区的移民，我们将其定义为加勒比海上的群岛，再加上"圭亚那地区"——圭亚那、法属圭亚那和苏里南。欧洲航海家（1492 年哥伦布在巴哈马群岛登陆）遇到的大多数加勒比居民是泰诺人（Taíno），其中有一个族群是加勒比人（这就是这个地区名称的由来），他们起源于南美洲，但有着更为遥远的迁徙史。古代蒙古人长途跋涉，逐渐穿过白令海峡进入美洲，从目前美洲土著和蒙古人之间存在的相当大的遗传差异（genetic divergences）来推测，古代蒙古人在迁徙途中耽搁了很长时间[1]，并形成了独特的遗传图谱。

随着欧洲商业强国——英国、西班牙、荷兰、法国和丹麦——在加勒比地区争夺殖民地，接着争先恐后地建立烟草、蔗糖、咖啡等热带种植园，当地人口锐减。面对欧洲人的火枪，有的泰诺人英勇抵抗，战斗到底。很多人死于陌生的疾病，在几次令人唏嘘的事件中，加勒比人宁愿跳崖自杀，也不愿意屈从于欧洲人的统治或监工的皮鞭。

种植园想要兴旺发展，就必须从外部输入大量的劳动力。最初，来自英国和爱尔兰的许多契约劳工被送到了巴巴多斯。1840 年，巴巴多斯的白人总人口为 1.2 万人，其中三分之二签署了契约，基本上是经济状况拮据的"贫穷白人"。当时的一位观察人士说，"这个岛屿是英国丢弃垃圾的粪堆"[2]。

不管是不是垃圾，但显然光引入欧洲人是不够的，于是种植园主将目光投向了非洲奴隶。在具有历史意义的

图 47　流行艺术画，描述 1651 年发生在格林纳达的索特尔（Sauteurs，意为从高处跳下的人）北部的加勒比人集体自杀事件。格林纳达最后的加勒比人从高 30 米的临海峭壁上跳下，宁愿自杀也不愿意接受法国人的统治

1807 年（那一年，英国废除了奴隶贸易），加勒比地区有 115 万奴隶，其中三分之二在英属加勒比地区。[3]

虽然奴隶贸易被废除了，但奴隶制一直持续到废奴运动取得最终胜利的 1834 年。然而，废奴运动真的取得胜利了吗？在后来的大约 4 年时间里，先前的奴隶一直被作为"学徒"捆绑在种植园。在这 4 年后，紧接着就是契约劳工的招募，这些劳工主要来自印度（见第 8 章）。1838—1917 年，538,642 名印度人登上加勒比海岸，大多数被送到了英属圭亚那和特立尼达，还有相当一部分被送到了法属殖民地。

进入美洲和欧洲的加勒比人

随着 1865 年蔗糖价格的暴跌，加勒比人不得不寻找其他出路。大约 15 万非裔加勒比人被招募到巴拿马运河的挖掘工地上。工地上的死亡率高得惊人。超过 2.2 万名加勒比劳工死于疟疾、黄

图48　巴拿马运河工地上的牙买加人

热病、毒蛇咬伤、工业事故和恶劣的工作生活条件。[4]

在 20 世纪，大多数流动人口都流向了美国。临时的合同工人在佛罗里达收割甘蔗。美国的海地人大都是偷渡入境。现在，许多加勒比的中产阶级和技术移民在美国的医药、教学和零售服务领域占据了很重要的位置。加勒比群体垄断了纽约几个区的洗衣店、旅行社和美发店。另外，加勒比人还在美国政治运动中扮演了突出的角色，比如，"回到非洲去"的加维运动（Back-to-Africa Garveyite movement）、公民权斗争、黑人民权运动（Black Power Movement）。黑人民权运动的领导者是一位特立尼达人。

相较于美国，欧洲加勒比移民的情况就没有那么幸运了。原因很复杂：去往欧洲的群体各不相同，而各国提供的

图49　一年一度的伦敦诺丁山狂欢节，由加勒比移民于 1966 年发起

机会差异很大，而一些移民（前往英国、荷兰的）属于"恐慌性"移民——他们对那里的亲友网络、人际关系以及商业和教育领域的机会都没有做好充分的预估或准备。许多加勒比移民，尤其是在英国的移民，坚持认为该国存在严重的种族歧视和各种不利条件，严重地影响了他们取得成功的机会。

前往荷兰的加勒比移民人数约为前往英国的移民人数的一半——约为 25 万人。不过，如果考虑到移民人口占荷兰人口的比例、占来源地加勒比人口的比例，这些数字就显得相当可观。流出人口数量如此之多，导致苏里南减少了将近一半的人口。

加勒比人移民法国呈现出与上述情况完全不同的形式。流向法国的加勒比移民主要来自马提尼克和瓜德罗普。鉴于这两个地方的司法地位，它们属于法国的一部分，因此移民法国被官方视为国内迁移——就像是法国公民从一个省迁到另一个省。普遍认为，从上述两个地方迁居法国的人数约为 20 万人。法国的城市中心，尤其是巴黎，是他们主要迁入的地方。

加勒比地区明显地从一个人口迁入地区变成了一个迁出地区，产生了大量的海外侨民。其中较为显著的例子是圭亚那、圣文森特和苏里南，移民人数占总人口的比例分别是 58.2%、55.6% 和 49.2%。一个很形象的说法是，加勒比地区的侨民又创造了侨民。

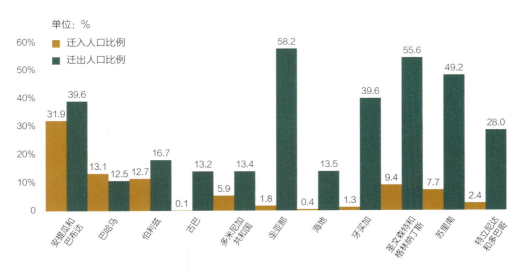

部分加勒比国家的迁入和迁出人口（2013）

2 2

海外华人

"海外华人"一般指的是那些在 19 世纪前往海外的中国自由劳工或契约劳工、在那之前和之后的商人、外派到海外从事工程项目的现代中国工人，以及在海外从事零售业、房地产和进口业务的中国企业家。

大约有 5000 万海外华人（2012 年数据）分布在 151 个国家。这里，我们只讨论早期的华人移民模式、中国与东南亚的商业活动、19 世纪的契约劳工和许多国家唐人街的出现。

早期的华人移民和向东南亚的扩张

图 50　北苏门答腊省棉兰市的华人区（1925）

中国人口向外流动通过陆地和海洋进行。中国人在汉朝时就向外探索。他们探索日本（前 210），探索菲律宾（7 世纪）和苏门答腊（10 世纪）。

到了唐朝，中国的贸易活动扩张明显加快。波斯、美索不达米亚、阿拉伯、埃及、阿克苏姆（埃塞俄比亚）和索马里都有中国商人的足迹。一位名叫苏莱

东南亚华人的迁移路线（17世纪至20世纪80年代）

曼（Shulama）的阿拉伯商人提到中国商人和他们的家人住在底格里斯河和幼发拉底河的河口，还注意到中国船只的载客量高达 600—700 人。当中国的商业活动辐射到了东南亚和非洲时，抵达广州等城市的外国商人有"波斯人、阿拉伯人、信仰印度教的印度人（Hindu Indians）、马来人、孟加拉人、僧伽罗人、高棉人、占人、犹太人、近东的聂斯脱利派基督徒（Nestorian

Christians）等"[1]。

大约从 13 世纪开始，随着中国商品贸易的增长，爪哇、苏门答腊等地方聚集了越来越多的中国商人，以及他们从中国带来的或在本地出生的孩子。

殖民当局欢迎华人的定居，因为这有助于巩固他们的殖民地，增强殖民地与全球的贸易联系。例如，为了与荷兰、葡萄牙竞争，西班牙官员出台各种措施，积极鼓励中国人移居马尼拉。在 30 年的时间里，马尼拉的华人人口达到 1 万人，丝绸、工具、纺织品、食品、家具和瓷器等方面的贸易迅速发展了起来。[2]泰国现在是东南亚华人最多的国家，生活着 600 万—900 万华人（因为衡量泰国华人血统方式不同，统计数字可能有一些出入）。虽然东南亚各国都有相当数量的华人，但是华人数量超过总人口一半的只有新加坡。

契约华工

关于"coolie"（苦力）一词的来源，存在一些争议。这个单词广泛用于 19 世纪的契约华工。不过，它指的是被强迫或诱骗（shanghaied）[①]招募到恶劣环境下干活的人，带有明显的贬义。通货膨胀、人口压力和政治动荡削弱了

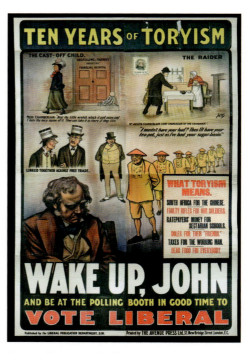

图 51　英国 1906 年大选，自由党的竞选海报

中国的实力，与此同时，劳务招募者在远东各地搜罗契约劳工，去给美洲迅速发展的经济体修建港口、铁路和公路，并替代热带地区棉花和甘蔗种植园里的奴隶劳工。

尽管数字并不精确，但一位学者指出，1847—1874 年，约有 50 万契约华工被招往海外。[3]在接下来的一段时间里，特别具有争议的例子是一战期间，由 14 万人组成的中国劳工旅，前往欧洲为英军和法军提供支持；此外，中国还向南非金矿输送了 6.3 万名劳工

唐人街

和许多少数族裔的聚居地一样，唐人街也是工人阶层移民在城市低收入地区的聚集地。不过，与许多少数族裔的聚居地不同的是，尽管处在华人所定居的社会中，唐人街却是一个跨越文化差异的区域。家族、帮派和同乡会经常主导着这一切，一方面维持社区内部的秩序，另一方面提供了一道隔离墙，以抵御外来者的融合和控制。全世界范围内大约有35个重要的唐人街，遍布非洲、美洲、亚洲、澳大利亚和欧洲。

随着全球游客和当地游客想要了解猫途鹰（Trip Advisor）和旅行指南上所说的"正宗"唐人街，而不是所谓的中国传统习俗的新的社会构建版本，各地的唐人街也在发生改变。随着华人尝试向全球市场推出另一种商品——他们的族裔特色，旅游大巴、中医、针灸师、厨具店、神像、广式早茶店、松软的菠萝包、按摩师、中式餐馆随处可见。[4]《赫芬顿邮报》（Huffington Post）推出的马尼拉岷伦洛（Binondo，也称宾南杜）唐人街（世界上最早的唐人街，始建于1594年）旅游指南让人有点目瞪口呆。手册中建议游客"先进入'雨伞街'②，在那里你可以从各种各样风味可口的街头食品车中挑选美食。而对于'声名狼藉'的夹层咖啡馆（Café Mezzanine）来说，那些街头小吃只是热身。这家咖啡馆向食客出售那里的'经典'——稠稠的牛睾丸汤"。[5]

在游客的注视和热闹的唐人街之外的地方，华人移民的后代，以及最近来自中国大陆（内地）、香港和台湾的新移民，正大量投身于专业性极强及商业性的工作。一般来说，华人移民的收入和教育程度都高于本地人口。但是因为同族结婚的历史，他们很少参与政治和公共事务，直到移居英国200年后的2015年，英国议会内才出现了第一位华裔议员。

图52　19世纪晚期的旧金山唐人街

（1904—1907）。1906 年，英国自由党上台，否认向南非输送的华工在其中发挥了重要作用。

中国学者讨论契约华工问题的不多。王仁慧采取了一个非常积极的角度，他认为那些契约华工取得了很大的成就。[6]

他赞扬他们面对艰辛劳动的忍耐、为自己和后代节俭度日的美德。此外，那些合同结束后决定留在异国的华工形成了唐人街的"原子核"，而这些唐人街现在在许多大城市中已经非常显眼了。

---

① shanghai 这个词来源于上海的英语名称 Shanghai，小写有强迫、诱骗的意思，这一不光彩的含义可以追溯到 19 世纪美国一些专门跑旧金山到上海这条航线的远洋商船，它们在离开上海之前常常诱骗一些中国人到船上当劳工，而到了旧金山后又把他们卖掉。这种行径在美国俚语里就被称为 shanghai，拐骗者叫 shanghaier。

② 即 Carvajal 街。

第 三 部 分

当 代 的 人 口 流 动

23

户口和中国人口的内部流动

一般来说，护照是管理人口跨国流动的工具，也有一些类似的文件作用于国内的人口流动。

其中一个例子是，法国大革命的领导人发现了某些反革命阴谋的证据之后，为了防止人们都涌到巴黎，出台了人口流动限制措施。1932 年，斯大林再次推行了国内护照制度（俄国第一次推行这一政策是在沙皇时代），以防止农民涌入人口拥挤的城市。肯尼亚的英国殖民当局引入了一种叫"kipande"的证件，在很大程度上也是出于同样的目的。在南非的种族隔离时期，南非政府实施了一项臭名昭著的措施，用"通行证"将黑人流动人口排斥在城市之外。南非和苏联大规模实施的人口流动限制措施产生了深远的社会和政治影响。

图 53　一名中国女性将她在北京居住时需要办理的各种身份文件摊在桌子上

中国于 20 世纪 50 年代实行"户口制度"。[1]根据户口制度，城市人口和农村人口做了区分，政府将每户家庭成员的出生时间、死亡时间、住址、学历和职业都记录在案。户口制度最初出现在上海，不久便推向全国。户口制度不但成为管理农村人口进入城市和企业的重要措施，而且，在中国计划经济时期为食品配给，尤其是粮食的分配，提供了依据。虽然有政策上的限制，但 1957—1960 年，中国的城市人口还是增长了 3000 万。

到了 20 世纪 80 年代中叶，在中国，不管是农村人还是城市人出门时，原先需要携带的户口本被身份证取代。身份证主要针对个人，而不是家庭，相较于户口本更易于携带。虽然中国的城市化步伐持续加快，但目前全国只有 36% 的人口拥有城市户口。[1]如下页图显示，中国的城市人口有望在 2040 年达到峰值，然后稳定在 10 亿左右。

中国城市人口的快速增长（截至

图 54 20 世纪 50 年代的"大跃进"期间，在集体农庄上干活的大批农村流动人口

2018 年，中国有 160 个城市的人口超过了 100 万）并没有出现巴西、墨西哥、尼日利亚等国家可以看到的那种简陋的棚户区和贫民窟。这一成就令人振奋，但也有相当的问题。"流动人口"（深陷城镇与农村之间的人口）住房条件很差。事实上，流动工人临时栖身工厂宿舍的现象并不罕见。

那些在城市里打工的农村人口改善现状的渴望越来越强烈。以农民董和龙（音）和妻子陈英（音）为例，他们在城里做废旧材料分类回收——回收硬纸板、塑料和衣物。他们每月的收入大约为 400 美元，比他们在老家种大豆和土豆高出许多倍。"我想要上海户口，这样我们就可以享受和上海人一样的待遇，"他说，"我们已经在上海待了 15 年，我们已经融入了这个城市。"[2]

作为回应，中国政府推出了一项"以人为中心"的城市发展规划，宣布到 2020 年，中国 60% 的人口将居住在城市，其中 45% 的外来人口将获得正式的城市户口。从长远的历史角度来看，中国将出现一个前所未有的变化——在 40 年内实现城市人口比例增长 2 倍的目标。即使在这种大规模城市化的背景下，预计到 2020 年，中国流动人口中的农民工仍将超过 2.5 亿。[3]

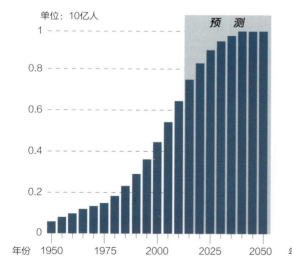

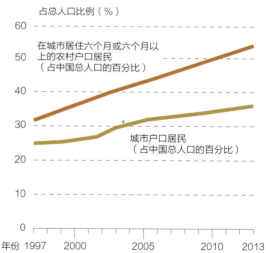

中国的城市人口

图 55　北京西郊街景，2015 年。虽然流动人口的住房条件大都不好，但管理部门在很大程度上避免了贫民窟和棚户区的增加

---

① 根据国家统计局 2018 年发布的数据，中国户
　籍人口城镇化率为 43.37%，详见《2018 年国
　民经济和社会发展统计公报》。

24

印度的人口转移和印巴分治

1947 年，印度的英国殖民统治结束之后，紧接着是人类迁徙史上最为悲惨的事件之一——印巴分治。虽然圣雄甘地（Mahatma Gandhi）费尽心思地调解穆斯林、印度教教徒、锡克教教徒这 3 个印度主要群体之间的矛盾，但因为误判、恐惧和绝望，印度次大陆的民众被卷入了一场噩梦。

英属印度没有转型为一个去殖民化的统一国家，而是分裂为巴基斯坦和印度两个国家。1947 年 8 月 14—15 日的午夜，两个国家几乎同时成立。大规模的人口转移开始了，穆斯林逃往巴基斯坦，印度教教徒逃往印度。最终，1400 万人流离失所，50 万人在随后的暴力活动中丧生。

影响这一系列重大事件的因素很复杂。正如亚丝明汗所指出的，"分治是社会紧张氛围长期高涨的结果"。[1] 亚丝明汗解释说，在二战期间，印度动员了有史以来规模最大的志愿军队伍——250 万人报名参加盟军作战。数万印度士兵伤亡。复员士兵中普遍弥漫着不满情绪。同时，反对英国继续统治印度的大规模抗议活动也在激烈进行。在胜利周期间，游行乐队绕德里巡游，仅仅两周后，英国政府派出的代表团抵达印度，商谈印度的独立之路。

1946 年 3 月，就在战争结束后不久，时任英国首相克莱门特·艾德礼（Clement Attlee）在下议院的演讲中指出："当今的印度处于极度紧张的状

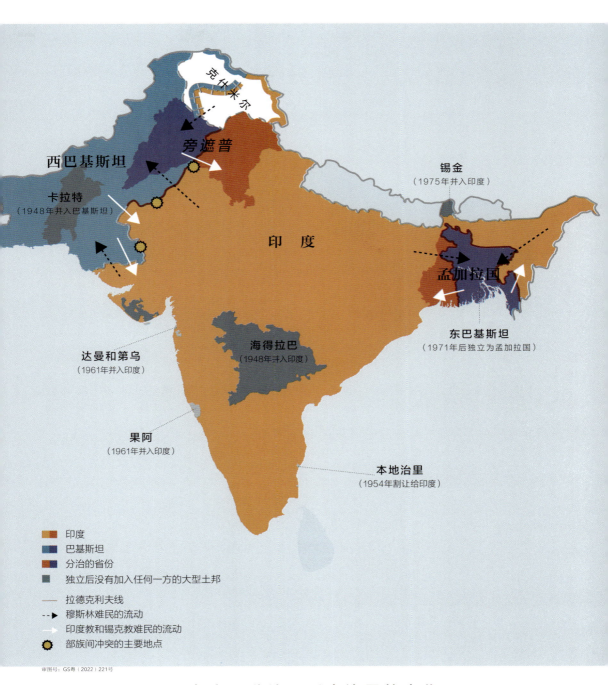

1947年印巴分治和后来边界的变化

阿格瓦尼·贝格姆的自述

录音时间：2015 年 8 月 31 日

图 56　德里旧堡，1947 年。大约有 2 万穆斯林难民被临时安置在那里

1922 年 1 月 2 日，阿格瓦尼·贝格姆（Arghwani Begum）出生于北方邦（Uttar Pradesh）的一个穆斯林家庭。她回忆说，那里的村民主要信仰伊斯兰教、印度教和基督教，大多数以务农为生。……到 1947 年，阿格瓦尼·贝格姆怀孕了，这是她的第 3 个孩子。印巴分治方案宣布时她 25 岁。当时，她已怀孕八九个月了。"家人把家里的值钱物品和必需品装满了行李箱，可是我一点也不明白发生了什么事。他们只是告诉我，我们要搬出哈维利①，其他的什么也没说。"

在印巴分治的第 1 天后，她在德里旧堡（Old Fort）的流动营生下了她的第 3 个孩子，是个男孩。他们在旧堡待了 2 天后，乘坐前来接他们的军用吉普车赶往德里的尼萨姆丁火车站（Nizamuddin Railway Station）。"在火车站，人们都在担忧火车开动前弄点什么东西吃，而我只希望能立刻上车。我已经将近 3 天没吃饭了，但没有任何食欲。我只希望早点结束这段旅程。"她说。

1947 年 8 月 17 日，她从德里出发前往拉合尔（Lahore），火车中途停了很多站。她目睹了锡克教徒乘客在一列火车上遭到屠杀，火车正好从对面经过，开往相反的方向。"一群暴徒手持刀剑爬上火车车厢。我看到那列车厢里突然乱作一团，听到一阵惊恐的尖叫和哭喊声。我还看到一些人慌忙地带着妻子和女儿跳下火车。那情景真让人心惊肉跳。"

8 月 20 日，她乘坐的那辆火车终于抵达了瓦加（Wagah）边界，不过，这并不意味着辛苦旅途的结束，因为在那里，他们的火车也受到了攻击。"事情来得太突然了。我们立即用手头能找到的一切将车窗封得死死的。由于我们的车厢里缺氧，我的孩子差点晕倒了。在砍杀仍在继续的时候，一位男乘务员帮助我的孩子通过车厢口呼吸新鲜空气。……许多人，特别是孩子，在火车的铺位上被杀害了。当我们终于下车时，我看到了他们血淋淋的尸体。"

1980 年，她带着两个女儿到她的印度出生地故地重游。她的女儿说："当我们走近她的房子时，她几乎在颤抖和哭泣。她太激动了。"[2]

印巴分治导致了印度与巴基斯坦之间断断续续的敌意，尤其是关于克什米尔未来地位、海得拉巴（Hyderabad）、朱纳格特（Junagadh）、查谟（Jammu）等土邦的合并和分割问题。值得一提的是，印巴分治还导致了 1971 年孟加拉国从巴基斯坦分离出去。

态下……作为一个拥有 4 亿人口的国家，两次将战士送上为自由而战的战场，认为它拥有决定自己命运的自由又有什么奇怪的呢？我的同事们即将前往印度，想要尽最大努力帮助他们尽快、彻底地实现上述自由。"

可惜的是，这不是一件容易的事情，负责这项工作的人能力不够。总督蒙巴顿（Mountbatten）鲁莽地强力推进印度的独立步伐。他组建了一个由英国法官西里尔·拉德克利夫（Cyril Radcliffe）为主席的边界委员会（Boundary Commission）。印度历史学家何亚·查特吉（Joya Chatterji）一针见血地指出拉德克利夫是一个"自负的外行人"。总督要求拉德克利夫在 5 周内完成边界划定工作。鉴于拉德克利夫从来没有去过印度，因此，他按照宗教信仰来分割这个国家的做法，引发了一系列的可怕事件，也就不奇怪了。

拉德克利夫线从旁遮普省中间穿过，在西孟加拉留下了大量的穆斯林少数群体（29%）、在东孟加拉留下类似比例的印度教教徒。锡克教教徒的要求被搁置，而克什米尔则可以自主选择并入印度或巴基斯坦。随着大批人迫不及待地

图 57 1947 年 8 月 15 日《纽约时报》头版，记录了印巴分治的时刻

涌向边界的正确一侧，人们的困惑和绝望与日俱增。大多数人不知道那条正式划定的国界线的具体位置，一时之间谣言四起，说那条界线随时可能发生变化。

图 58 1947 年 9 月 19 日，急着离开德里的穆斯林难民坐在一列拥挤的火车车厢顶上

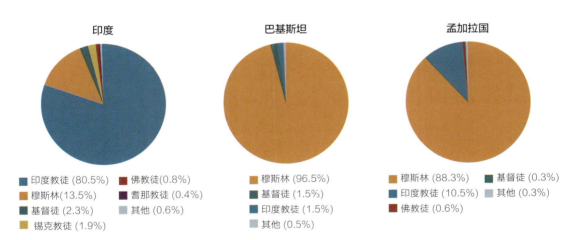

印度

巴基斯坦

孟加拉国

- ■ 印度教徒 (80.5%)
- ■ 穆斯林 (13.5%)
- ■ 基督徒 (2.3%)
- ■ 锡克教徒 (1.9%)
- ■ 佛教徒 (0.8%)
- ■ 耆那教徒 (0.4%)
- ■ 其他 (0.6%)

- ■ 穆斯林 (96.5%)
- ■ 基督徒 (1.5%)
- ■ 印度教徒 (1.5%)
- ■ 其他 (0.5%)

- ■ 穆斯林 (88.3%)
- ■ 印度教徒 (10.5%)
- ■ 佛教徒 (0.6%)
- ■ 基督徒 (0.3%)
- ■ 其他 (0.3%)

印巴分治后各宗教信徒的构成（2001）

2001 年，这三个国家的宗教构成已经稳定了下来，但是印度
境内仍然有大量的穆斯林和锡克教徒

---

① haveli，印度次大陆的一种类似别墅的古代大宅。

25

劳动力输出

菲律宾

菲律宾人的大规模移民可以追溯到西班牙殖民统治结束之际。1905—1935 年，美国将菲律宾视为"保护国"——一个含义模糊的法律术语，表示菲律宾处在美国的控制下。当时，菲律宾人在夏威夷被雇用为契约劳工。到 1930 年，在美国打工的菲律宾人超过了 10 万。[1]

20 世纪 30 年代，预先培训劳工向美国"输出"的想法在菲律宾护理培训计划（Nursing Education）的制定中得到了落实，这为 20 世纪 70 年代之后这一模式的国际化和大规模扩张铺平了道路。

1982 年，为了协调各部门的工作，增加和跟踪菲律宾劳工的海外就业，菲律宾成立了海外就业署（Philippine Overseas Employment Administration，POEA）。POEA 实施了所谓的"劳工外交"，先后与许多国家签订了一系列双边劳务协议。截至 2011 年 11 月，POEA 列出了 125 个欢迎菲律宾劳工的国家。该机构还给海外菲律宾劳工（OFW）颁发了身份卡。同时，POEA 禁止或取消了菲律宾劳工在一些国家合法工作的资格，因为这些国家没有达到该机构制定的有关人权、安全、工作条件等方面的标准。

并不是所有菲律宾人到海外工作或生活都要通过 POEA。在 2013 年 12 月统计的略高于 1000 万的海外菲律宾人中，有 490 万永久定居者、120 万非法劳工和约 420 万人持有 OFW 身份卡（其中约 100 万人在沙特阿拉伯）。[2] 海外菲律宾劳工从事的职业很多，比如护工、仆人、保姆、技术熟练的护士等。在所

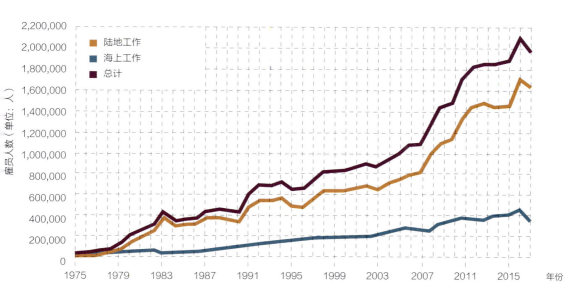

海外菲律宾劳工数量的年度变化（1975—2017）

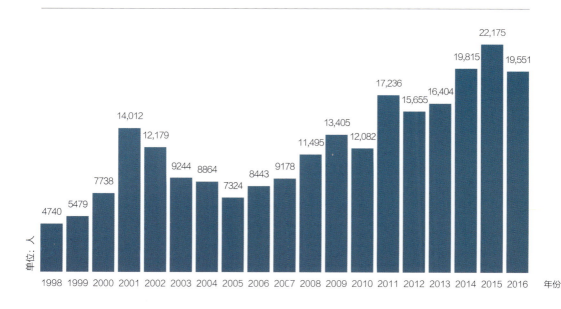

招募到国外工作的菲律宾护士（1998—2016）

图 59 菲律宾护士完成了一个日语培训课程

图 60 菲佣在接受家务培训（2013）。所有通过官方项目派往海外的菲佣必须事先完成资格认证

有海外菲律宾劳工中，约 55% 是女性。在菲律宾海员中，男性占绝大多数，2013 年，菲律宾海员人数达到 46 万名。在世界上所有的海员中，菲律宾海员占了大约 25%。这一比例相当惊人，在世界范围内遥遥领先。

虽然菲律宾海员从事的工作各式各样，从邮轮上的船长助手、甲板水手、服务员、客舱服务员，到加油工、水手长和工程师，但政府还是出台了政策，通过专门设立的大约 100 所海事学院来培训海员，提升他们的工作能力。

总的来说，菲律宾劳工的输出给这个国家做出了很大贡献，当然，有时候难免会出现一些严重的问题（参见下页）。提升未来海外劳工的工作能力可以帮助他们获得更好的薪金待遇，并增加他们国内汇款的数额。这一举措获得了显著的经济效益——2016 年，仅仅菲律宾海员的汇款就给国内经济贡献了 55 亿美元。海外菲律宾劳工不但没有被视为人才外流，还被看作是一项国家资产。他们为家庭和国家做出的个人牺牲获得了社会的一致肯定。海外菲律宾劳工还享受一些免税待遇。国家出台了一些税收优惠政策，鼓励他们在改善家人生活的同时，投资国内经济发展。

弗洛尔·孔特姆普拉西翁事件

1995 年，42 岁的菲律宾女佣弗洛尔·拉莫斯·孔特姆普拉西翁（Flor Ramos Contemplacion）被执行死刑，罪名是谋杀。她的死让新加坡、菲律宾两国之间的关系大为紧张，尽管两国政府签署的劳务协议中有很多保障条款。

这起案件涉及另一个菲佣和她照顾的一名三岁小男孩。两人被发现时都已身亡。虽然没有直接证据显示孔特姆普拉西翁与两人的死亡有关，但她承认了杀人事实——也许是因为警察的刑讯逼供或精神崩溃所致。在被捕审讯期间，她癫痫发作后表现出一些奇怪的医学症状。

在案件审理过程中，许多菲律宾人逐渐认为孔特姆普拉西翁是无辜的或者患有精神疾病，对菲律宾政府只提供了最低限度的领事保护和支持颇为愤怒。许多纪录片和获奖电影都描述了她的经历和磨难。菲律宾总统拉莫斯（Ramos）和他的夫人对民众的愤怒反应迟钝，尽管他们最终称孔特姆普拉西翁为"女英雄"。

拉莫斯对孔特姆普拉西翁命运的相对冷淡，让罗德里戈·杜特尔特（Rodrigo Duterte）抓住机会，在政坛上大显身手。杜特尔特当时担任达沃市（Davao）市长，他公开焚毁了新加坡国旗，带领民众举行抗议。他勤勉地培养海外菲律宾劳工，高度赞扬他们对菲律宾的贡献。这为他后来当选总统发挥了重要作用。现在他的照片出现在 OFW 身份卡上。

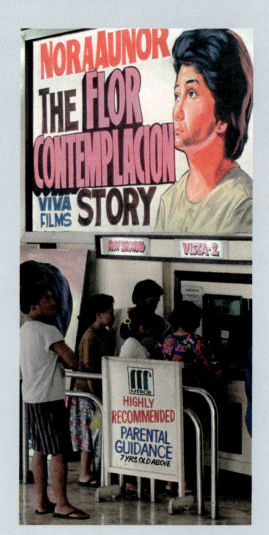

图 61 电影《弗洛尔·孔特姆普拉西翁的故事》（*Flor Contemplacion Story*）的正式海报。乔尔·拉曼甘（Joel Lamangan）执导，诺拉·阿诺尔（Nora Aunor）饰演弗洛尔·孔特姆普拉西翁。1995 年，该电影获得开罗电影节最佳影片奖

26

性工作者的交易

性工作者的交易是更普遍的"人口贩卖"（human trafficking）现象的一部分，人口贩卖包括提供无薪酬或低薪酬的佣人（这被称为"家奴"）、强迫劳工（劳作于田间、工厂），以及那些被迫从事性工作的人。我们在这里主要讨论后者。

虽然我们知道，人口贩卖属于暴利活动，但这方面的相关数据差别很大。据 2014 年国际劳工局（International Labour Office）的评估数据，各种形式的人口贩卖的年利润为 1500 亿美元。[1]

娜塔莎交易

数十年来，人口贩卖，尤其是性工作者的贩卖，主要来源地是亚洲，特别是泰国和菲律宾，但苏联的解体为性工作者的贩卖提供了又一大来源。"娜塔莎"是常见的俄罗斯女性名字，因此人们在日常生活中将这一行当称为"娜塔莎交易"（the Natasha trade）。唐娜·M. 休斯（Donna M. Hughes）认为，许多

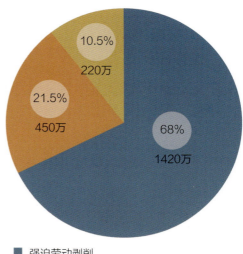

- 强迫劳动剥削
- 强迫性剥削
- 国家施加的强迫劳动

2014年强迫劳工（包括性工作者）的数量和类型

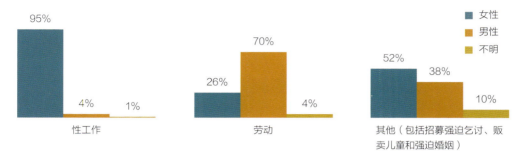

2010—2012年欧盟人口贩卖受害者情况
(按照性别和受剥削类型分列)

国家随着苏联的解体而独立，它们缺乏应对犯罪行为的组织能力和监管机构，导致性贩卖非常猖獗。[2] "娜塔莎现象" 在以色列尤其明显，在那里 70% 的妓女被认为来自苏联地区。她们之所以在以色列数量众多，主要是因为她们在那

娜塔莉的故事

娜塔莉（Natalie）出生在东南亚，但生活在新西兰。20 岁时，她带着女儿来到了这个城市。她说："从此，我的生活彻底改变了。"后来，她努力摆脱色情行业的过程是一个幼稚无知、受尽剥削的旅程。

虽然她的生活一度很艰难，但她后来还是设法在一家日本工厂里找到了一份差事，住进了一家寄宿旅舍。一天晚上，她和一个男人及其朋友吃饭，他们将她带到了一个"旅店"。那其实是一家非法的妓院。最后她流落到澳大利亚。在那里她继续受人剥削，只不过换到了一家合法的妓院[根据 1988 年《简易程序治罪法》（Summary Offences Act）的规定，妓院在新南威尔士是合法的]。她亲口讲述了自己的经历："澳大利亚比我的祖国更糟糕。我到悉尼后被告知，我欠他们 6000 澳元，加上每个活儿的抽成，还有房租、交通费、清洁费以及其他一切费用。要是你晚了五分钟，他们就罚你 50 澳元。这些我都要加进去。这是一家'合法'妓院。我不能对顾客说'不'——绝对不能！我连停下来歇一会儿的时间也没有。只要顾客能坚持，我必须在一个小时内做好多次。三个月就像是过了 30 年。有时候，一晚上我只能睡三个小时。从中午开始接客，到早上 6 点结束。最后，我想办法逃掉了。我在色情行业断断续续地做了七年。很久之前我就想离开了。三年来，我试图找到另一份工作来养活自己和女儿。"[3]

里有很多亲友。另外，只要简单地证明自己有犹太血统，就可以进入以色列。

虽然儿童和男性成年人也是性贩卖的受害者，但在这方面，女性无疑占绝大多数。这一点与男性受害者占绝大多数的劳动剥削形成鲜明对比。

遏制娜塔莎交易

早期控制性贩卖的措施带有强烈的种族倾向。正如劳拉·拉马斯涅米（Laura Lammasniemi）所解释的那样，它是围绕一个故事展开的：来自"巴巴利海岸"（Barbary Coast，指的是今天的摩洛哥、阿尔及利亚、突尼斯和利比亚）的外国坏蛋抓捕和奴役无辜的白人妇女。[4]1885 年 8 月，数万人参加了在伦敦海德公园举行的集会，要求禁止"白奴制度"（white slavery），提高自愿性行为中女性的年龄要求。一系列条约采用了这一带有种族意味的词语，其中包括 1904 年签署的《禁止贩卖白奴国际协定》（International Agreement for the Suppression of the White Slave Traffic）。在 1921 年通过的《禁止贩卖妇孺国际公约》（International Convention to Combat the Traffic in Women and Children）中，"白奴制度"

一词消失在国际法中。

当代打击性贩卖的高潮是联合国在 2000 年通过的一项公约，简称为《巴勒莫公约》[①]，并由 171 个国家签署。根据该公约，"性贩卖"的定义"应至少包括利用他人卖淫进行剥削或其他形式的性剥削、强迫劳动或服务、奴役或类似奴役的做法、苦役或切除器官"。该公约要求签署国将《巴勒莫公约》的相关条款列入他们国家的刑法中。这种情况发生了很多变化。至关重要的是，《巴勒莫公约》忽视了如果受害人被施以暴力威胁，以及其他形式的胁迫，包括诱拐、欺诈、欺骗、滥用权力、授受酬金后出于自愿的情况。选择、自愿、自主问题一直是性贩卖讨论方面的主要话题。

自主问题

毫无疑问，在维多利亚时代海德公园的那些集会者的头脑中，白人妇女是被巴巴利奴隶贩子强行抓走的，除此之外其他任何情况都难以想象。现在人们对性工作者的身份，以及对选择与受害之间的复杂关系有了更深入的了解。首先，对于很多女性来说，性工作不是她们的第一收入来源。"她们可能从事服

图 62　绘画作品强化了巴巴利海岸白奴的典型形象。欧内斯特·诺曼德（Ernest Normand）的这幅作品于 1885 年首次展出

务员、美发师、裁缝、按摩女郎、街头摊贩或者啤酒促销女郎，并通过定期或偶尔的性交易来增加收入。她们不认为自己是性工作者。她们往往在人们熟知的性工作场所之外的地方提供性服务。"[5]

　　另外，大量的研究表明，很多人非常清楚自己的选择。一项对柬埔寨从事性工作的 100 名越南人的调查显示，只有 6 人是受骗的，剩下的 94 人则知道自己要被招进妓院。在被"救援"组织释放后，这些女性"一有机会立刻重操旧业"。[6]欧洲也报道了类似的发现。例如，一项对荷兰的 72 名东欧性工作者的调查显示，很少有人被强行贩卖，

大多数人是由朋友、熟人甚至家人招入这一行的。[7]虽然有人认为，上述讨论的案例中表现出了自主的行为，但需要指出的是，如果招募性工作者的手段涉及胁迫或欺诈，那么招募者就犯下了性贩卖罪。

---

① Palermo Protocol，即《联合国打击跨国有组织犯罪公约》（United Nations Convention against Transnational Organized Crime）。

27

流亡者
客死他乡，还是东山再起

作为一种辛酸而痛苦的迁移形式，"放逐"最初来源于《圣经》中亚当和夏娃被逐出伊甸园的故事。在古希腊，统治者和公民大会也会作出裁决，令犯错者离开家园。

后来，类似情形出现在许多国家的政治人物、持不同政见者和军事领导人身上。被放逐者的命运千差万别。有的人很快适应了国外的新生活，有的人在异乡饱受煎熬、郁郁而终，有的人后来顺利回到故国，重掌政权。

古希腊

"放逐"是由古代雅典人发明的，作为一种严厉的惩罚措施（该词已进入大众词汇）。如果一个人被视为对社会构成威胁，就会被放逐，被迫离开城邦10年。被放逐的知名人物有地米斯托克利（Themistocles）、西蒙（Cimon）、

"正义者"阿里斯提德（Aristides）等。我们应该区分那些被迫离开与主动离开的人。后者如立法者梭伦（Solon）。梭伦制定了城市宪法之后，就主动放逐自己，为的是无须在反对派的压力下修改宪法。

古希腊最出名的被放逐者是哲学家、政治理论家亚里士多德。他在雅典创立了吕克昂学园（Lyceum school）。在那里，他做研究、讲学和写书。后来，雅典民众奋起反对马其顿的统治时，认为亚里士多德与他们立场相左，于是他自愿放逐自己，离开雅典（虽然他在马其顿宫廷待了7年，但他给马其顿的亚历山大大帝当老师这件事

图 63　《流放中的但丁》（*Dante in exile*，约 1860）。作者：多梅尼科·彼得利尼（Domenico Peterlini）

几乎可以肯定是虚构的）。在亚里士多德的余生中，他一直住在位于哈尔基斯市（Chalcis）的家族故居里。[1]

放逐的含义

在个人层面上，这种惩罚的关键特点在于被放逐者与故国家园的纽带——房屋、亲人、家庭、朋友、熟悉的环境——突然被扯断。这种情感剥夺的痛苦程度毫不逊色于肉体上的惩罚或囚禁。意大利诗人但丁曾在《神曲·天堂篇》第 17 歌第 55—60 行中描述了这种放逐之痛：

"你将舍弃一切最珍爱的事物 / 这是放逐之弓射出的第一支箭 / 你将感到别人家的面包味道多么咸 / 走上、走下 / 别人家的楼梯。"

统治者常常将放逐政治对手作为一

种手段，将他们排除在权力之外，同时还不会让他们获得舍生取义的美名，这些被放逐者也无法组织大规模的抗议活动，支持类似事业的其他领导人也不敢贸然采取行动。这种流放往往很奏效。在 1789 年法国大革命胜利后，大约有 15 万法国人被放逐或自愿流亡，成为"即使不是全球性的，也是欧洲范围内第一个政治移民潮"。[2]

知名的被放逐者

拿破仑

军事失败后的 1813 年，法国皇帝拿破仑被放逐到地中海的厄尔巴岛（Elba）。1815 年 3 月，他设法逃回法国，夺回了政权。但在滑铁卢战役失败后，他被再次放逐。这一次，获胜的英国人不愿意冒任何风险，于是将拿破仑放逐到南大西洋的圣赫勒拿岛（St. Helena）。1821 年，他死在那里，终年 52 岁。他可能死于胃癌，但在法国一直流传着这样的说法：圣赫勒拿岛上看守他的英国人用砒霜毒死了他。[3]

列夫·托洛茨基

在俄国革命中，当革命在内部敌人和外部联盟的攻击下几近崩溃时，托洛

圣赫勒拿岛地图（约1820），显示拿破仑可以自由骑马的区域

图例：
—— 拿破仑可以独自骑马或步行活动的范围
■ 临时被封阻的区域（1816年10月9日至12月26日）

詹姆斯敦

茨基组建并率领红军英勇战斗，最终于1922年取得了胜利。托洛茨基不仅是优秀的军事指挥官，还是一位出色的作家、鼓动者和演说家。1924年，列宁逝世。斯大林将托洛茨基排挤出共产党的关键领导层，强迫他流亡墨西哥。

托洛茨基不愿意就此沉默，经常谴责斯大林的官僚作风和俄国革命犯下的诸多错误。他成为第四国际的领袖，宣称第四国际主张的是真正的革命传统。他的追随者自称"托洛茨基主义者"（Trotskyist）。他们的数量越来越大。斯大林决定让对手永远闭嘴。根据他的命令，1940年8月21日，苏联特工拉蒙·梅卡德尔（Ramón Mercader）佯装成托洛茨基的朋友，进入托洛茨基的家中，用一把冰镐杀害了他。

弗拉基米尔·列宁

和托洛茨基一样，列宁也流亡过很长一段时间。不过，列宁的流放是在他们参与缔造的那场革命爆发之前。沙皇政权将列宁流放西伯利亚3年。之后，列宁前往伦敦、伯尔尼、布拉格、慕尼黑和日内瓦，在各地撰写革命小册子。他迅速返回俄国与革命圈子取得联系

图例：
- 乘火车
- 乘渡轮

地名标注：哈帕兰达、托尔尼奥、坦佩雷、斯德哥尔摩、赫尔辛基、圣彼得堡（彼得格勒）、莫斯科、特雷勒堡、萨斯尼茨、罗斯托克、柏林、华沙、布拉格、慕尼黑、维也纳、基辅、苏黎世、布达佩斯

审图号：GS粤（2022）221号

列宁结束流放回国领导
布尔什维克革命

后，又匆匆返回流放之地。

最后，他抓住时机，于1917年4月与31位同志乘火车离开苏黎世。他们乘渡轮穿过波罗的海后，乘火车从斯德哥尔摩前往瑞典毗邻芬兰的一个偏僻地区，接着，通过马拉雪橇和火车，最终抵达彼得格勒。在那里，他发表了一系列激情洋溢的演讲，那句响亮的口号"权力归苏维埃"将演讲推向高潮。

冷战时期人口迁徙的政治博弈

人们普遍认为，冷战始于 1946 年，缘于二战后苏联与西方关系日趋紧张。后来，至少在表面上随着 1991 年苏联解体和东欧剧变而结束，但当代俄罗斯的一些力量展现还是会让人想到冷战。

就人口迁徙而言，决定这一人口迁徙过程的主要因素并不是正常的人口学、经济和社会方面的因素，而是政治上的考量。政治因素极大地影响了苏东的人口流动，促使很多西方国家采取了有选择的门户开放政策。民主德国和联邦德国之间的人口流动障碍尤其显著，逐渐成为冷战的典型特点。

叛逃者

西方国家经常嘲讽苏东国家禁止公民自由移民，认为他们的领导层违背公民的意愿将他们困在国内。总的来说，反驳的理由大都是——西方在用声誉和

图 64　1967 年成功申请美国政治避难后，斯大林的女儿斯韦特兰娜·阿利卢耶娃在长岛

图65　叛逃七年后的1970年，鲁道夫·努列耶天在芭蕾舞表演的排练现场

金钱引诱他们，或者说他们在国内从事的科学或军事项目很敏感，移民会对国家不利。

　　虽然一开始出去的人很少，但西方国家让那些知名的"叛逃者"在公众场合抛头露面，让西方政治制度"得分"不少。报纸和其他媒体长篇累牍地报道鲁道夫·努列耶夫（Rudolf Nureyev）、米哈伊尔·巴雷什尼科娃（Mikhail Baryshnikov）、纳塔利娅·玛卡洛娃（Natalia Makarova）、亚历山大·戈杜诺夫（Alexander Godunov）等芭蕾舞明星的"出逃"。苏联国际象棋大师维克托·科尔奇诺伊（Viktor Korchnoi）和鲍里斯·斯帕斯基（Boris Spassky）一样叛逃了，尽管后者曾试图解释他移居法国和政治没有关系。后来，体育界人士、知识分子、体操运动员，甚至"米格－25"（MiG-25）飞行员维克托·别连科（Viktor Belenko）也纷纷叛逃。

　　后来，那些叛逃者的生活并非一帆风顺，其中包括斯大林的女儿斯韦特兰娜·阿利卢耶娃（Svetlana Alliluyeva）。1967年，她在美国申请

图 66 亚历山大·索尔仁尼琴离开苏联后，与家人抵达苏黎世

并获得了政治避难，1984 年回到苏联，然后再次离开了自己的祖国。很明显，她是一个复杂而麻烦的人，她的行为不仅仅出于单一的政治动机。1932 年，她的母亲娜杰日达（Nadezhda）与斯大林在一次公开争吵后开枪自杀，也许这并没有改变她的精神状态。

第二个例子是诺贝尔文学奖获得者索尔仁尼琴。索尔仁尼琴以对苏联劳改营的揭露而闻名。1974 年，他被苏联驱逐出境。20 年后，他又回到俄罗斯。在西方国家期间，他的叙述风格大出人们

的预料。在哈佛大学的一次毕业典礼上，他发表演讲，批评美国在越南战争中"没有骨气""急于投降"，说美国音乐让人无法忍受，新闻媒体过于自由。[1]

被拒绝移民者

一个被称为被拒绝移民者[①]的团体挑战了苏联禁止他们移民海外的政策。1978 年，弗拉基米尔·斯列帕克（Vladimir Slepak）、玛丽亚·斯列帕克（Maria Slepak）夫妇公开展示了一

图67　著名的被拒绝移民者弗拉基米尔·斯列帕克和玛丽亚·斯列帕克在莫斯科（1987）

开了苏联地区。大多数人（60%以上）涌向了以色列。以色列颁布的《回归法》不但欢迎世界各地的犹太人前往以色列，还往往延伸到非犹太配偶或犹太移民的亲属。大约32.5万苏联犹太人迁往美国。令人不解的是，居然有21.9万苏联犹太人迁往曾经发生过针对犹太人的屠杀的德国。德国政府为来自苏联地区的犹太人提供了住房和工作许可，并慷慨地扩展了犹太人的定义——父母中有一方是犹太人。

马列尔事件

这是最为典型的冷战冲突之一，它缘于古巴革命。古巴革命始于1953年7月，结束于1959年1月1日，由卡斯特罗发动革命领导的社会主义国家取代了与美国紧密结盟的富尔亨西奥·巴蒂斯塔（Fulgencio Batista）将军。随着革命节节胜利，大批移民离开古巴。许多古巴人定居在迈阿密，位于古巴首都哈瓦那以北402千米处。

面横幅，抗议苏联政府在长达8年的时间里一直拒绝给他们签证，导致他们无法与儿子在以色列团聚。因为弗拉基米尔的行为，他和另一位挑战苏联海外移民政策的活动家伊达·努德尔（Ida Nudel）一起被逮捕，被控告的罪名是恶意破坏。两人被放逐西伯利亚服刑数年。斯列帕克夫妇最终还是去了以色列。

1989年，被拒绝移民者的抗议得以被国际社会所知晓。涓涓细流般的移民逐渐发展成为蜂拥而出的移民潮。到2006年，大约有160万苏联犹太人离

1980年4月20日，卡斯特罗突然宣布"这场革命是自愿的"，任何愿意离开的人都可以从马列尔港（Mariel）出发去往他们想去的地方。这就是所谓的"马列尔事件"，古巴人的大规模移

图 68　贴有以色列移民签证的苏联护照（1966）

民潮受到了媒体的高度关注。此言一出，大约有 12.5 万古巴人闻风而动。古巴人举家乘坐一叶小舟抵达美国，起初被看作是西方资本主义优越性的一次伟大胜利。

不过，这一事件留下了不少隐患。突然涌来的马列尔逃亡者（Marelitos）中很多人没有任何技术专长，导致主要由非裔美国人构成的本地低技术工人的薪水下降，[2] 进而导致两个群体之间关系的紧张。此外，有媒体报道称，古巴政府利用这一机会清空了监狱里的囚犯和精神病院里的病人。后来的调查显示，那些逃亡者中只有一小部分是普通罪犯，但是很多被古巴政府怂恿离开的人涉嫌"危险行为"，包括公开表现自己的同性恋倾向。这在古巴是不允许的。

一些马列尔逃亡者没有看到充满爱心、愿意接纳他们的美国家庭，而是直接被送到了难民营，1700 人因为违反美国移民法（包括先前有犯罪记录的）而被囚禁，等待驱逐听证会。然而，古巴不许他们回去，如果美国驱逐他们，他们能去哪里？最后，这些被捕的难民不是被释放，就是找到了担保人。1981 年，盖洛普的一项调查显示，美国人将古巴列为最不受欢迎的邻国之一，排名仅次于某个邪教宗教成员。

图 69　离开古巴马列尔港的古巴难民

　　人们往往从个人的角度上看待冷战时期的冲突。许多美国人认为菲德尔·卡斯特罗"欺骗"了吉米·卡特总统，导致美国民众对卡特的领导能力失去了信心，而将选票投给了罗纳德·里根。里根上台后，立刻恢复了针对苏联和古巴的冷战言论。

---

① refuseniks，被苏联禁止前往以色列的苏联犹太人。

29

全球人口大流散

"diaspora"一词来源于希腊语，指的是种子的散播或传播，用于人类迁徙时，大流散指的是一个群体（通常是种族群体或宗教群体）被迫离开故土，散居世界各地。

经历了痛苦的背井离乡后，身在异地的人们渴望拥有自己的"家园"（往往是理想化的家园），认为自己的命运与散居世界各地的同胞的命运息息相关。到20世纪80年代末，"diaspora"一词的意义有所延伸，不仅包括那些被迫流散的人（即"受害者流散"），还包括一些其他类型的流散，具体分为劳工流散、贸易流散、去故土化流散和帝国流散。[1]除了最后一种流散，其他类型的流散我们下面都会讨论。有时候，我们会将讨论的重点放在某个族裔群体上。

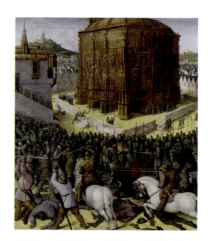

图70　15世纪的艺术家栩栩如生地描绘了公元前586年，尼布甲尼撒二世的军队毁掉耶路撒冷的所罗门圣殿的情景。后来，很多犹太人镣铐加身，被押往王国首都巴比伦

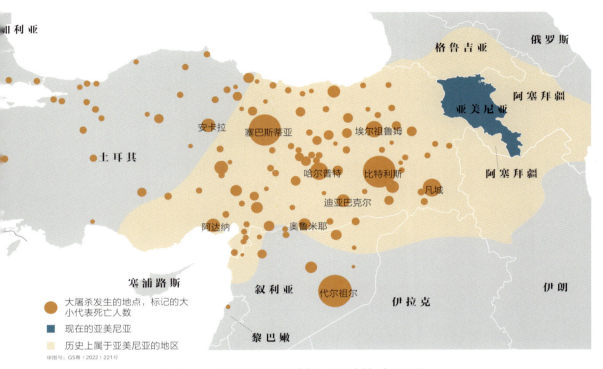

大屠杀发生的地点，标记的大
小代表死亡人数

现在的亚美尼亚

历史上属于亚美尼亚的地区

审图号：GS粤（2022）221号

1915—1923年的亚美尼亚种族大屠杀

历届土耳其政府都极力否认将亚美尼亚人强迫迁往叙利亚和巴勒斯坦是一场种族大屠杀。流散中的亚美尼亚人发动了一场大规模的舆论战，以证实自己的观点。到2017年，29个国家的政府和议会，以及美国50州中的48个州认为在1915—1923年发生的一系列事件是种族大屠杀

受害者流散

最初有关流散的记叙中，大多数内容来自于公元前586年新巴比伦王国国王尼布甲尼撒二世（Nebuchadnezzar）毁掉所罗门圣殿（Temple of Solomon），以及强行将犹太群体中的领袖和杰出人员迁到巴比伦。虽然犹太人的生活得以延续，甚至还繁荣了几个世纪，但是"巴比伦"这个词却从此成了流亡、离开故土和背井离乡的代名词，也成为表示家园和满足之地的"Zion"（锡安）的反义词。在1978年加勒比演唱组合"Boney M"[①]的流行歌曲《巴比伦河》（The Rivers of Babylon）中，"巴比伦"的这一含义表现得非常明显。歌词源自

《旧约·诗篇》第 137 篇和第 19 篇。
这首歌的开头是："我们坐在巴比伦河
畔／想起锡安禁不住凄然泪下。"

　　流散在世界各地的非洲人将大西洋
奴隶制度视为造成他们流散经历的痛
苦起源。牙买加的拉斯塔法里教信徒
（Rastafarians）认为他们在精神上与
《圣经》中记载的犹太人之间有着密切
的联系，因此将他们生活的牙买加岛称
之为"巴比伦"。其他的流散受害者在
他们的历史中也能找到类似的事件。迫
使爱尔兰人流散的是"大饥荒"（参见
第 11 章）。迫使亚美尼亚人流散的是
1915—1916 年土耳其军队实施的种族
大屠杀（见前页图）。迫使巴勒斯坦人
流散的痛苦事件是 1948 年的 "Nakba"
（大灾难）。当时，70 多万巴勒斯坦阿
拉伯人逃离刚成立的以色列国（参见第
16 章）。

劳工流散：意大利人

　　相较于其他西欧国家，意大利人的
大规模迁徙活动开始得晚一些，但持续
时间和人数方面要超过前者很多。据鲁
道夫·韦科利（Rudolph Vecoli）说，
在 1876—1976 年的 100 年里，大约
有 2600 万人离开了意大利，"这使意

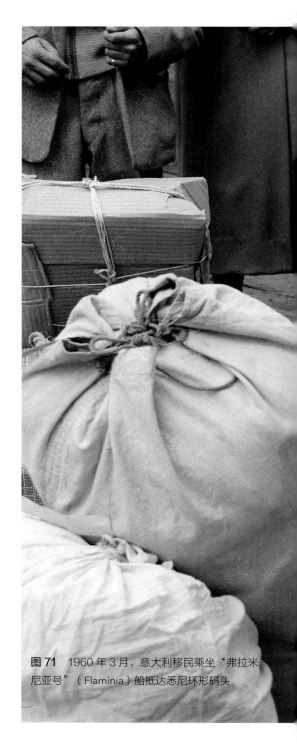

图 71　1960 年 3 月，意大利移民乘坐"弗拉米尼亚号"（Flaminia）船抵达悉尼环形码头

大利获得了一个算不上什么好名声的荣誉，即登记的移民人数超过了任何其他国家"[2]。这些意大利人到欧洲其他国家、北美洲和南美洲（尤其是1876—1915年）旅游或永久居住，并在澳大利亚建立了一个规模可观的社区。在意大利成年人中，没有海外亲属或海外移居经历的很少。

意大利不仅被巨大的文化和地理鸿沟所割裂，而且与其欧洲邻国相比，它成为统一的单一民族国家的时间也比较晚。这意味着，除了跨国迁徙，从国内欠发达地区向较发达地区的国内迁徙也很普遍——1945—1975年，这个总人口4500万的国家里，大约有900万人从南方迁到了北方。这一人口流动既反映出战争对经济的巨大破坏，也反映出南方农村地区就业机会的匮乏。当然，由于涉及的人数很多，并不是每个人都是出于同样的原因而迁徙，但大多数人迁徙是为了出卖劳动力，即使他们的最终目标是自己当老板。

那些移居海外的人之所以成为"流散者"，是因为他们与"家园"世代保持着密切的联系。对于"家园"，意大利人有自己独特的理解。它并不笼统地指整个仍处于碎片化状态下的意大利，而指的是迁徙者与其先前生活的村庄（paese）或家乡（patria）之间千丝万缕的跨国纽带。意大利人对小地方的爱被诗意般地描述为"campanilismo"（钟楼主义），这个词的意思是"对自己家乡的钟楼的留恋"②。因此唐娜·加巴希亚（Donna Gabaccia）认为，准确地说，并不是一个意大利流散群体，而是多个。[3]

贸易流散：黎巴嫩人

其中一个著名的贸易流散群体是黎巴嫩人。据推测，黎巴嫩的先人是公元前1550到公元前300年间分布在地中海各地的腓尼基海员和商人。黎巴嫩流散者来自各种宗教信仰和职业背景。他们怀着各种目的移居到非洲、阿拉伯地区、欧洲、澳大利亚和美洲。虽然他们的流散并非出于同一个原因，但是1869年苏伊士运河的开通对传统中东贸易模式的巨大冲击被认为是一个重要因素。当时的黎巴嫩商人大都本钱很少，以小本生意起家。知名的黎巴嫩历史学家阿尔伯特·胡拉尼（Albert Hourani）认为："人们对初到北美洲或南美洲的黎巴嫩人的刻板印象是，他们是背着或用牲口驮着各种新奇玩意或用具走街串巷的小贩，行走在一个村庄到另一个村庄的路

图72 1917 年，亚拉巴马州伯明翰街头的一个黎巴嫩小贩。当时他被描述为"叙利亚人"，因为黎巴嫩曾经是大叙利亚（Greater Syria）的一个省

上。这不是他们开启新生活的唯一方式，但这种方式非常普遍，因而成为新移民的真实形象。"[4]

那些成功的人进入了零售或批发行业，并在一些国家的经济细分市场中牢牢地占据了一席之地。有些人则进入了政界。在过去的 20 年里，黎巴嫩后裔曾担任哥伦比亚、厄瓜多尔（两次）、洪都拉斯、阿根廷、伯利兹、牙买加等国的政府首脑。[5]

去故土化流散：黑色大西洋

保罗·吉尔罗伊（Paul Gilroy）提

审图号：GS粤（2022）221号

单位：人

黎巴嫩人移居海外的主要去向

图 73 钢鼓乐师。这种乐器是在特立尼达用废弃油桶制作的，并流传到其他加勒比岛屿和欧洲的加勒比社区，常常在狂欢节期间使用

索卡（Soca）、丛林音乐（Oldschool Jungle）、雷鬼、舞厅雷鬼③、祖克（Zouk）、Dub 的传播提供了一些很好的例子。

其结果是与传统的领土参照点发生了复杂的部分决裂。这个拥抱现代、混合、克里奥尔化④，将传统文化连根拔起的不彻底过程让非洲移民及其后裔产生了一种"双重意识"。正如吉尔罗伊的这句谚语所说：要想顺利地完成这一意识上的转变，了解"路"（routes）比了解"根"（root）更为重要。

出了一个"黑色大西洋"的概念，用以描述发生在海洋空间的非洲人和非洲流散群体之间复杂的文化互动，用保罗精辟的话来说，就是穿越大西洋的"波浪和电波"。[6] 非洲的声音、旋律、食物和语言，伴随着黑奴贸易一道穿越大西洋，传播到加勒比地区和巴西，然后通过移民和旅行者，以及现今的数字网络，以新文化和新传统的形式传回到欧洲和非洲。不同音乐流派——包括强节奏爵士乐（Highlife）、卡里普索（Calypso）、

① 联邦德国迪斯科演唱组合，主要成员是加勒比移民。

② 每个意大利小镇都会有一个标志性建筑——钟楼，意大利人想家时，常常想念的是家乡的钟楼之声。

③ Dancehall，基于雷鬼音乐而诞生，节奏更快而政治性更少既形容1980年左右牙买加出现的音乐，也形容在此音乐上即兴创作的舞蹈。

④ creolization，又译"混杂化"，意思是不同文化相互融合，产生新文化的过程，第44章中会详细讲解。

30

涌向海湾国家的人们

　　一般来说，海湾国家指的是波斯湾沿岸的七个阿拉伯国家——巴林、伊拉克、科威特、阿曼、卡塔尔、沙特阿拉伯和阿联酋。它们也恰好是发现大量石油储量的地方。

　　虽然说随着绿色技术的逐渐兴起，"化石经济"日渐衰退，但是世界仍然需要石油，而且需要的数量非常可观。1973年以后石油价格暴涨五倍。在石油利润的刺激下，海湾国家开启了大规模的基础设施建设。过去，这里曾有人雇佣过数百印度人在海湾沿岸从事季节性的水下采珠工作。到了20世纪80年代，数百万合同工（主要来自亚洲）不辞劳苦地为海湾国家修建道路、医院、公寓楼、体育场和公共建筑——一个现代国家所需要的一切。

　　外来劳工的数量庞大，不少海湾国家的外来劳工数量超过了本土人口，有时甚至是大幅度超过。其中最突出的是

阿联酋：2015年，在该国930万的总人口中，89%是外来劳工，主要是来自亚洲的非技术劳工。

　　一座座崛起于沙漠中的城市壮观气派，令世界瞩目，社会和政治生活的很多方面也悄然发生了巨变。部落社会转变为主要基于公民身份的现代寡头政治。公共部门的就业岗位在很大程度上只向本地人开放，而私营企业的员工主要是外来人口。大量的财富流入政治领导层腰包的同时，也流入了本国公民的钱袋子，而外来合同工只能挣到为数很少的死工资——虽然比他们在自己国家挣得多，但相较于本地公民来说，他们的收入和福利少得可怜。除了个别特殊

图74 阿联酋的外来合同工

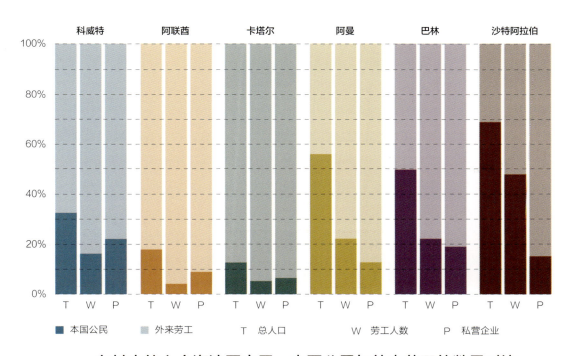

在其中的六个海湾国家里，本国公民与外来劳工的数量对比

海湾国家外来劳工之死

卡塔尔在获得 2022 年国际足联世界杯的主办权后，开始了大规模的基础设施建设，需要雇用 80 万名外来劳工。其中许多人需要在酷热中工作。结果是灾难性的。2014 年的一项调查显示，每两天就有一名为上述赛事建设基础设施的尼泊尔劳工死亡。[1] 国际工会联合会（International Trade Union Confederation）2017 年 9 月公布的一项报告称，自 2010 年卡塔尔获得世界杯主办权以来，已有约 1200 名劳工丧命。[2]

为了便于比较，此前记录的比赛场馆建设过程中死亡人数最多的大型体育赛事是 2014 年的索契冬奥会（60 人死亡）和 2004 年的雅典奥运会（40 人死亡）。2014 年巴西世界杯的体育场馆和其他设施建设过程中有 7 人死亡。2012 年伦敦奥运会的建设过程中，没有死亡记录。[3]

外来劳工死亡的现象并不只发生在卡塔尔。一些印度劳工保护者借助印度政府通过的《知情权法》（Right to Information Law），在 2018 年 11 月公布的一份调查报告中披露，自 2012 年以来，有 24,570 名印度劳工死在海湾国家。他们推算，在那份报告涵盖的六年里，六个海湾国家中，平均每天超过 10 名印度劳工死亡。沙特阿拉伯记录的死亡人数最多，为 10,416 人，而巴林的死亡人数为 1317 人，在六个国家中最少。[4] 卡塔尔政府表示，在建设世界杯比赛场馆和基础设施过程中死亡的印度劳工，80% 以上可以归咎于自然原因。考虑到印度劳工由年轻力壮的男性组成，卡塔尔政府似乎将疲惫和脱水也视为自然原因。

情况，普通合同工根本无缘获得永久居住权和公民权。

招工背后的政治

随着建设热潮的开始，海湾国家解雇了来自周边阿拉伯国家的劳工。这是为了避免向穆斯林同胞和阿拉伯人敞开大门。因为他们进来后，可能会要求获得公民权和社保待遇，并带上他们的妻子和家人。海湾国家的领导人特别不愿意招募巴勒斯坦劳工。他们认为，巴勒斯坦劳工会把他们牵扯进旷日持久的巴以冲突中。偶尔声明支持巴勒斯坦是一回事，与以色列为敌是另一回事，以色列可是他们的石油生意客户的亲密盟友。

转向招募其他亚洲国家的劳工很划算——亚洲劳工很廉价，可以签订短期雇用合同（一般是三年）。然而，具体从哪个国家招工主要取决于政治上的考

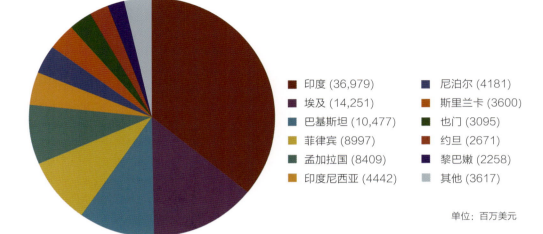

印度 (36,979)　尼泊尔 (4181)
埃及 (14,251)　斯里兰卡 (3600)
巴基斯坦 (10,477)　也门 (3095)
菲律宾 (8997)　约旦 (2671)
孟加拉国 (8409)　黎巴嫩 (2258)
印度尼西亚 (4442)　其他 (3617)

单位：百万美元

2014年海湾国家合同工向国内的汇款

虑。虽然有一些沿袭过去从埃及招工的做法，但新的劳工来源迅速转为印度、巴基斯坦、孟加拉国、斯里兰卡、菲律宾、尼泊尔和印度尼西亚。[5] 劳工来源国可以随时轮换。有时候，他们会倾向于非穆斯林，因为非穆斯林无法声称自己是世界范围的"ummah"（穆斯林共同体）的一部分。

整个令人不齿的招募流程可以通过"卡法拉制度"（kafala system）外包给非国营实体（non-state actors）。这些劳务中介往往与统治整个国家的家族关系密切。他们向外来劳工收取费用（这是一笔可观的额外收入），保证他们招募的劳工不会违反所在国的法律。利用卡法拉制度，当局可以与外来劳工

保持一定的距离。由于卡法拉制度使他们处于孤立状态，因此当局很少介入保护外来劳工的权利或监督执行各种健康和安全法规。

海湾国家外来合同工面临的困难和危险恶劣的工作生活条件，也许应该引起劳工来源国政府的警惕，以切实保护海外公民的利益。然而，除了菲律宾和另外几个孤立的案例，这种保护并没有落实。其原因并不难发现——在那些失业率高、经济贫困的地区，政府很难对劳工招募环节进行有效的干预。另外，虽然海外劳工个人工资低，但他们作为一个群体汇回的资金为国内带来了急需的收入和投资资金。

31

地中海的人口流动

几个世纪以来，地中海地区一直是亚洲、非洲和欧洲大陆旅行者的重要交会处。人们渡海移居克里特岛的历史可以追溯到1.1万年前。

早期人类跨越地中海的迁徙活动最明显的痕迹可能是七八世纪这三个相邻大陆边缘出现的众多希腊殖民地，如米利都（Miletus）、以弗斯（Ephesos）、士麦那（Smyrna）、库梅（Cyme）和勒吉乌姆（Rhegium）。许多游客仍在探索这些定居点的遗迹。

相较来说，腓尼基人（地中海东部的闪米特人）的迁徙路线鲜为人知。他们在公元前1200到公元前800年间是有名的海上商人，甚至在《圣经》中被称为"海的君王"（princes of sea）。虽然腓尼基人在朱拜勒（Byblos）、苏尔（Tyre）、赛达（Sidon）等地活动的实物证据非常少，但至少有一个象征性的重要痕迹可以说明腓尼基人曾经主宰地中海。这就是"欧罗巴"（Europa）一词。欧罗巴出身高贵，是克里特岛国王米诺斯（Minos）的母亲。欧洲大陆就是以欧罗巴的名字命名的。

来自希腊、中东和非洲的文化在地中海地区四处传播，相互融合。例如，古希腊有关宙斯的神话就是基于克里特岛的传说。虽然古希腊经常被人们描述成西方文明的起源和中心，但古希腊与非欧洲文化之间也有着密切的联系。马丁·贝尔纳（Martin Bernal）的三卷本《黑色雅典娜》（*Black Athena*）给古希腊文明起源和发展的传说中加入了非洲和亚洲的影响，不过这部作品饱受争议。[1] 研究非洲习俗信仰和人口如何进入古代欧洲的学者尤其重视贝尔纳的这部作品。

腓尼基的贸易路线和殖民地

另外，值得一提的是，长达数个世纪里，北非和南欧都有着密切的联系。著名的迦太基人汉尼拔（Hannibal）曾带着非洲战象穿越地中海。从 8 世纪开始，穆斯林频繁进入西班牙、葡萄牙、意大利南部和马耳他。直到 15 世纪末，欧洲发动了针对穆斯林的强制改宗和驱逐活动，伊斯兰入侵者的影响才得以弱化。

死亡之海

法国学者布罗代尔认为，多个世纪以来穿越地中海的商人、移居者、学者、传教士、渔民和士兵形成的一次次人口迁徙潮也许是有史以来最具影响力的人口迁徙之一。布罗代尔在他那部颇具影响力的《地中海与菲利普二世时代的地中海世界》（*La Méditerranée*, 1949）中写道，出现了一个单一的区域，将海域周围的沿海地区、其中的岛屿和海洋本身联系在一起。环境的缓慢变化和帝国、文明、社会结构的更迭造就了一个全景式的、相互交织的、复杂的生命之海。[2]

布罗代尔感兴趣的是人口流动的长期趋势，而不是短期的波动，但有人怀疑 2014 年以后的情况会让布罗代尔大为吃惊，因为来自非洲和中东的移民纷纷冒着危险挤上小船，为了安全和工作机会争先恐后地前往地中海对岸，生命之海彻底地变成了死亡之海。有记录的死

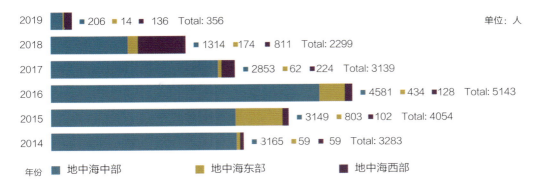

国际移民组织（IOM）统计的死亡数据（2014—2019）

2019 年数据的统计日期为 1 月 1 日—4 月 15 日

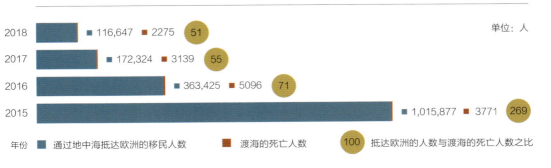

联合国难民署统计的从海路抵达欧洲的移民（2015—2018）

亡人数（通常包括儿童），在 2016 年达到峰值。后来，死亡人数虽有减少，但数量仍然不小。

　　一开始，人们很难理解为什么移民会继续尝试跨海前往欧洲，这往往需要向偷运者支付一大笔钱，以方便他们的旅程。答案一方面是因为绝望，另一方面是他们的深思熟虑。例如，在对他们来说最凶险的 2018 年，那些尝试通过海路进入欧洲的人中，许多人被拦截，但有 116,647 人偷渡成功，"只有" 2% 中途遇难。但即使一个人遇难，在道德上也是不能接受的，因此"只有"一词仅仅意味着那些移民可能已经评估了他们所面临的风险。

图 75　从土耳其出发穿过爱琴海抵达希腊莱斯沃斯岛（Lesbos）的叙利亚难民（2015）

休达：非洲的西班牙领土

休达（Ceuta）是北非沿海的一小块飞地（18.5平方千米），1668年被割让给西班牙。它距离西班牙国土很近，隔着直布罗陀海峡，其他三面被摩洛哥包围。由于休达是西班牙领土，又离西班牙如此之近，因此非洲移民将这个地方看作是进入欧洲的跳板。两个管辖区之间只有一道高20英尺（6米）、缠着带刺铁丝网的围栏。

经常有移民把围栏撞开，用断线钳剪开，或者干脆奋力爬过去。虽然每次有数十人，甚至数百人进入围栏的另一边，但是"欧洲堡垒"的捍卫者用技术手段和暴力措施相结合的方式遏制了这种入侵。动作感应器、探照灯和摄像头能够迅速定位这些移民，据一份报告称，他们"通常被警察用棍棒和拳头赶回去"[3]。

即使移民能够爬过或钻过那个围栏，他们的麻烦也没有结束。休达在山里修建了一个羁押中心，专门关押偷渡的移民，而且移民的关押时间越来越长。正如鲁宾·安德森（Ruben Andersson）所说："临时羁押……成为一个多方面的工具和手段——甚至成为'反击'非法越境的某种武器。……最终突破欧盟边境后，（移民们）以为幸运之神在向他们微笑，然而就在这里，他们将面临被'围住'的境地，就像在巴马科（Bamako）或他们的祖国一样令人绝望。之所以如此，是因为这块北非飞地是西班牙边境'时间景观'（landscape of time）的空隙——边缘空间有其自身扭曲的时间逻辑。然而在这些空隙中，羁押时间（times of control）和人口流动时间之间也出现了明显的冲突。"[4]

图76 经常有移民冲向摩洛哥与西班牙之间的围栏

3 2

世界各地的医护人员

全世界对医护保健的需求呈指数曲线上升，穷人需要医疗干预（穷人罹患传染病和疟疾很普遍），富裕群体得了"富贵病"（如心脏病、癌症和糖尿病），也需要医疗干预。

大多数人非常关注医学的进步，希望能获得新型药品和先进的治疗方法，并在步入老年后受到周到的照顾。要想满足人们的这些期望，必须大幅增加医疗工作者的数量。据一份权威报告估计，到 2030 年，全世界注册医护人员的缺口将超过 400 万（120 万医生、320 万护士和 7 万多助产士）。[1]

医疗工作者的这种缺口是需求使然，是世界各国广泛存在的现象，而不论国家或地区的收入水平如何。不过这一缺口在美洲和西太平洋地区（包括澳大利亚、文莱、柬埔寨、中国和日本）预计会更为突出。

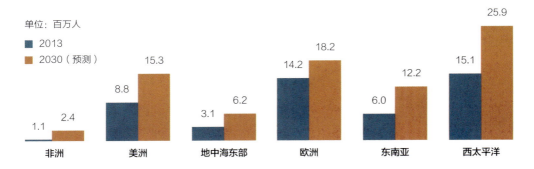

单位：百万人
■ 2013
■ 2030（预测）

非洲	美洲	地中海东部	欧洲	东南亚	西太平洋
1.1 / 2.4	8.8 / 15.3	3.1 / 6.2	14.2 / 18.2	6.0 / 12.2	15.1 / 25.9

2013 年和 2030 年医疗工作者的劳动力市场需求，涵盖 165 个国家

招募英国护士前往海外工作

2019 年 3 月发布的一份权威报告显示，到 2029 年，英国国民医疗服务体系（NHS）全职护士的缺口将达到 10.8 万。到 2021 年，即使填补一半的缺口，也需要每年多培训 5000 名护士，并且要从根本上降低培训期间护士的流失率，确保更多的护士培训合格后立即加入到 NHS 中。让上述数字显得很苍白的是，仅在 2018 年，NHS 就流失了约 3.3 万名护士。其中许多人彻底地离开了医疗保健行业。有的去了私营企业，但也有相当一部分选择去海外工作。英国护理资格的国际"可互认性"意味着，经过培训的护士和助产士不断外流到国外工作。

许多中介机构积极招募英国护士，他们很容易就可以找到用于广告宣传的国外工作优势。例如，美达克医疗公司（Medacs Healthcare）称，如果去卡塔尔工作，那里上班时间短，医院技术先进，工作环境安全而友善，同事们都具有很高的职业精神。这些说辞明显是拿卡塔尔的医院条件与人手紧张、护理人员劳累过度的 NHS 相比。

另一家中介公司 Jobs 4 Medical 问道："如果目前的单位没有什么发展空间的话，何不换一个欣赏你能力的地方？"接着，这家公司直言不讳地说："当前笼罩在 NHS 头上的失望情绪促使很多职业护士另谋高就。数千名护士开始将目光投向国外。外面的工作条件和薪水往往更好。"

第三家公司是一个网站，网址是 nurses.co.uk。他们在澳大利亚、中东、新西兰、美国和爱尔兰发布招聘护士的信息。有意前往澳大利亚工作的还提供担保签证和"一笔丰厚的搬家费"[2]。

多向流动

满足各国对医疗工作者的需求是一件复杂的事情，因为医疗工作者的流动带有多方向性：从富裕国家流动到贫穷国家，从富裕国家流动到富裕国家，从贫穷国家流动到富裕国家。不难想象，任何一个国家都可以计算出社区诊所和医院所需的医疗人员数量，并做相应的培训工作。然而，关键问题是，医疗资格认证变得越来越方便——例如，在英国或澳大利亚接受培训的护士可以去卡塔尔或沙特阿拉伯工作，许多护士也确实是这样做的（见上文）。移民代理人一般也是有求必应。举例来说，有一家名叫"RPS"的公司在多个城市开展业务，创始人自称是移民领域的"超级明星"，并在自己的网站上打出广告，帮助澳大利亚护士出国工作，并声称自己"深谙（针对有工作经验的护士或水平高的医疗工作者）最佳签证方案"[3]。

　　大多数医疗工作者普遍从中低收入国家迁往高收入国家。根据经济合作与发展组织（OECD）的数据，其 36 个成员（几乎都是富裕国家）接收了大部分的外国受训医生，其中超过 20 万人前往美英两国工作。

供应问题

　　从贫穷国家向富裕国家提供医疗工作者，可能会对来源国的经济造成巨大压力，不过这种压力根据该国的规模和移民策略而有很大不同。例如，尽管印度和菲律宾的医患比例很低，但是它们输出医生和护士，并预估他们的汇款收入将超过培训成本。

　　在其他地方，情况更不乐观。2011年，因为本国培养出来的大量医生迁往高收入国家，南非这方面的投资损失高达 14.1 亿美元。[4]医疗工作者的流失让牙买加这样的小国面临特别严峻的现实。在牙买加，2001 年毕业的医学生有 41.4% 去了国外。牙买加每年流失 8% 的注册护士和 20% 的专科护士。他们大多数去了美国和英国。2003 年，牙买加岛上的护士缺口达到 58%。[5]另一个负面例子是肯尼亚。根据 2009—2012 年收集的数据，在国外工作的肯尼亚医生数量是国内公立医院工作的医生的两倍。

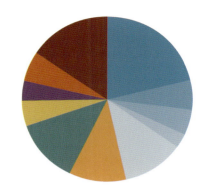

美国，2013 年

亚洲（47%）

- 印度（22%）
- 菲律宾（6%）
- 巴基斯坦（5%）
- 中国（3%）
- 其他亚洲国家（11%）
- 欧盟国家（10%）
- 加勒比群岛（13%）
- 墨西哥（5%）
- 加拿大（4%）
- 非洲（6%）
- 其他（15%）

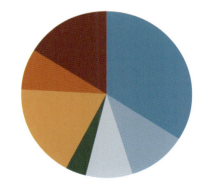

英国，2014 年

亚洲（54%）

- 印度（34%）
- 巴基斯坦（11%）
- 其他亚洲国家（9%）
- 爱尔兰（4%）
- 其他欧盟国家（18%）
- 非洲（8%）
- 其他（16%）

2013 年和 2014 年在美国和英国工作的外国受训医生

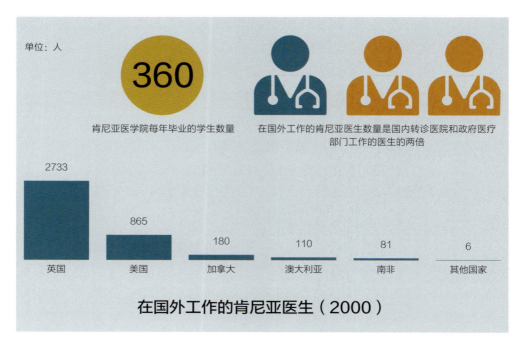

单位：人

360

肯尼亚医学院每年毕业的学生数量

在国外工作的肯尼亚医生数量是国内转诊医院和政府医疗部门工作的医生的两倍

2733	865	180	110	81	6
英国	美国	加拿大	澳大利亚	南非	其他国家

在国外工作的肯尼亚医生（2000）

图 77 一位在越南心脏科工作的塞内加尔医生

3 3

叙 利 亚 难 民

黎巴嫩接收难民的情况

2011 年 3 月，叙利亚爆发内战，起因是南部城市德拉（Deraa）要求建立民主政府的示威活动遭到了总统阿萨德（Assad）的镇压。这场冲突持续了近八年才渐渐平息下去。

由于俄罗斯、伊朗、美国、英国、法国、土耳其、沙特阿拉伯、卡塔尔、黎巴嫩真主党（Hezbollah）、库尔德武装和"伊斯兰国"（2019 年 "伊斯兰国" 在叙利亚东部被消灭）的卷入，最初的内战变成了一场多边冲突。对于叙利亚民众来说，这场冲突的影响是毁灭性的。战前的 2200 万人口中，有将近 55% 离开家园，搬到了国内其他地方或逃出了叙利亚边境。

仅考虑那些逃出国境线的叙利亚人，大多数去了周边国家，特别是土耳其和黎巴嫩，还有约旦和伊拉克。在逃

55% 的叙利亚人口背井离乡

570万人
沦为难民

620万人
搬迁到国内其他地方

2200万
战前人口

2011 年以来，半数以上叙利亚人离开了家园

单位：人

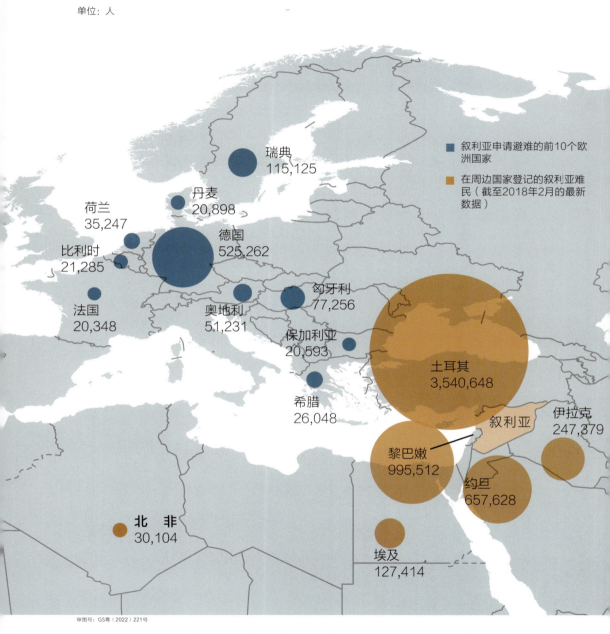

叙利亚申请避难的前10个欧洲国家

在周边国家登记的叙利亚难民（截至2018年2月的最新数据）

瑞典
115,125

丹麦
20,898

荷兰
35,247

比利时
21,285

德国
525,262

法国
20,348

奥地利
51,231

匈牙利
77,256

保加利亚
20,593

希腊
26,048

土耳其
3,540,648

叙利亚

伊拉克
247,379

黎巴嫩
995,512

约旦
657,628

北非
30,104

埃及
127,414

审图号：GS粤（2022）221号

叙利亚难民的目的国（截至 2018 年 12 月）

难高潮的 2015—2016 年，经常关注欧洲媒体报道的人会误以为大多数叙利亚难民都步行去了德国，或乘船去了希腊的某个岛屿（这也情有可原）。这么说，并不是在把横跨地中海或沿着陆路穿越巴尔干半岛东部的难民数量往少里说，也不是在贬低德国总理默克尔的政治勇气。她虽然很清楚德国会有人强烈反对，但还是毅然向叙利亚难民敞开了大门。然而，从前页地图 2018 年叙利亚国外难民的数量和分布情况中，我们可以清楚地看到，叙利亚的周边国家才是接收最多难民的。

黎巴嫩的叙利亚难民

黎巴嫩接收了大约 100 万逃往周边国家的叙利亚难民。这个数字相当可观，因为这相当于黎巴嫩总人口的六分之一。对于一个教派林立（伊斯兰教逊尼派、什叶派、德鲁兹派、阿拉维派、伊斯玛仪派、天主教马龙派和东正教），相互之间矛盾重重和政治分歧深重的国家，短时间大量涌入的叙利亚人威胁着

图 78　2019 年 1 月，叙利亚人乘坐一辆大巴从黎巴嫩返回叙利亚

难民集中的地区

的黎波里
北部省
巴勒贝克
贝鲁特
贝卡省
扎赫勒
黎巴嫩山省
大马士革
苏尔
南部省

审图号：GS粤（2022）221号

叙利亚难民在黎巴嫩的分布情况

黎巴嫩本来就不稳定的政治和社会秩序。在内战期间，叙利亚政治阶层被撕裂，议会中约有一半议员支持叙利亚总统阿萨德，另一半反对他。真主党（黎巴嫩的一个什叶派军事组织）越过边境线，支援阿萨德的部队。叙利亚难民还给黎巴嫩带来了巨大的财政负担。

一开始，人们很难理解为什么黎巴嫩会如此大范围地向叙利亚难民敞开大门。其实，这在某种程度上反映了两国之间悠久的历史渊源。在奥斯曼土耳其时期，黎巴嫩是大叙利亚的一部分。在黎巴嫩的许多地区一直都有叙利亚人的亲属。正如卡梅伦·蒂布斯（Cameron Thibos）所说，这意味着85%的叙利亚难民分散到了全国各地大约1600个社区中，只有大约15%（15.5万人）的叙利亚难民住在帐篷营地和临时改造的临时定居点里。[1]

尽管黎巴嫩政府因拒绝支持难民住帐篷营地而受到国际社会的赞扬，但由于难民人数太多，还是不得不搭建了一些帐篷。住在帐篷和其他地方的难民生活很不稳定——大多数人没有居住权，生活得相当拮据。在贝卡山谷（Bekaa Valley），许多叙利亚难民的儿童成了受人剥削的童工，而年轻女性迫于生活压力，不是早早嫁人就是通过"求生型性行为"（用肉体换取实物或金钱）来避免贫困。[2] 大约有30万儿童失学。可以理解的是，随着叙利亚的局势有所好转，不断有叙利亚人回国居住，尽管危险形势仍在持续。

诺哈的故事

诺哈（Noha）是一位40岁的女性，2012年逃出叙利亚后，和家人在贝鲁特南部的萨布拉（Shatila）难民营生活了三年。萨布拉在黎巴嫩人口历史上是一个很有名的地方。它是1949年巴勒斯坦人建立的难民营。1982年，黎巴嫩长枪党（Kataeb）旗下的民兵组织在这里对多达3500名的平民进行了臭名昭著的大屠杀，其中大多数是巴勒斯坦人和黎巴嫩什叶派穆斯林。大屠杀发生时，入侵的以色列部队袖手旁观。虽然诺哈称之为"营地"，但它现在是一个非正式的居住点，有永久性的建筑，上面缠绕着电线。

"虽然我们没有什么钱，但我们很快乐，我从没想过会成为一个难民。"诺哈难过地说。她曾遭受黎巴嫩士兵的辱骂和性骚扰，抱怨"他们动不动就摸我们身体的隐私部位"。

在接受采访时，诺哈一家已经在萨布拉生活了两年半，医疗、安全和基本需求几乎都难以满足。她照顾着七个孩子和丈夫，丈夫中风。在慈善组织的帮助下，她在萨布拉开了一家小卖铺，出售地板材料。每次孩子外出，诺哈都很担心他们受欺负，怕他们触碰到外面的电线。

她仍怀念过去在叙利亚的生活："在村里，我们有干净的环境，干净的面包。我们自己种植庄稼，吃着很放心。孩子们在家里，不会跑到大街上。在这里，他们一回家晚了，我们就会担心……在这个营地里，我没有安全感。"[3]

图79 2019 年 3 月 12 日，黎巴嫩贝卡山谷的巴尔伊利亚斯（Bar Ellas）难民营，叙利亚儿童在附近的山坡上玩耍。大多数叙利亚难民没有住在帐篷营地

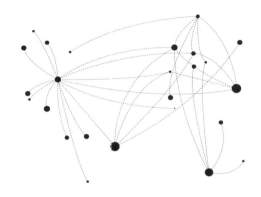

第 四 部 分

争 议 与 现 状

34

音乐的根与路

这本书讲的是人类的迁徙，不过，人们在流动迁徙时，心里和脑海里承载的是有关他们过去的声音。有时候，他们会随身携带着乐器，弹奏出青少年时代的回声，因此追踪音乐和乐器的流动，往往对于理解人口流动大有帮助。

音乐也在"流动"。我们能够追踪不断变化的风格和歌词，窥见流动群体遇到的新体验，进而深入了解他们的遭遇、渴望和困境。在这里，我们主要追踪非洲人（大陆）和非洲人流散群体中的非洲音乐。

乐器的流动

木琴

用乐器的流动来推测人口迁徙存在两个方面的问题。第一，总是存在"同时发现"（simultaneous discovery）的可能性；第二，只需很少的巡游歌手（travelling musicians）就可以掀起很大的效仿潮。尽管如此，民族音乐学家还是勾勒出了表示人类迁徙和深层文化互动的广泛区域。例如，罗杰·布伦奇（Roger Blench）认为，架式木琴（frame xylophone）在非洲的传播路线是从塞内加尔到莫桑比克南部，穿越西非大部分地区。这种木琴的每个琴键下都有一个葫芦做共鸣器，不过偶尔也会用牛角代替葫芦。类似的乐器制作和调音方式，以及演奏技巧和曲调形式，极大地增加了这种乐器通过人口流动而传播的可能性。[1]

图例：
- 西非形制的架式木琴
- 中非形制的架式木琴
- 牛角共鸣器（尼日利亚东北部）

审图号：GS粤（2022）221号

木琴在西非的传播

班卓琴

很难找到班卓琴最初出现的那个源头。班卓琴其实就是带有琴弦的鼓。在远东、非洲和中东，人们可以看到各种形制的班卓琴。然而，理查德·乔布森（Richard Jobson）1620年考察了冈布拉河（现在的冈比亚河）后，在日记中明白无误地记录了一种类似班卓琴的乐器，说那种乐器"由一个很大的葫芦和颈部制成，上面绷着琴弦"[2]。另有文献证据表明，加勒比地区和美洲南部的非洲黑奴群体中有人再造了这种乐器。这是他们保持其尊严和文化完整性的一种方式。

图80 威廉·悉尼·芒特（William Sidney Mount）创作的《班卓琴演奏者》（*The Banjo Player*，1856）。威廉是一位白人艺术家，以带有尊重而细腻的笔触描绘非裔美国人而闻名

班卓琴的设计在美洲不断发展。用作共鸣器的葫芦后来被圆形的木质琴身所取代，并在原有的四根琴弦上增加了第五根弦。由此，班卓琴成了一种"白人"乐器，由扮演成黑人的白人吟游歌手和后来阿巴拉契亚地区的"蓝草歌手"（bluegrass musicians）传播到各处。不过，这种乐器保留了一些与民众抵抗运动的联系。20 世纪后期，民谣歌手皮特·西格（Pete Seeger）曾用它来表达受排斥群体的声音，抗议越南战争。

人口流动与音乐的关系

约翰·贝利（John Baily）、迈克尔·科利尔（Michael Collyer）认为，和电影、舞蹈、文学一样，音乐也是一种文化创造的表现形式，它描述了人类的流动，并确定其流动路线。不过，和出自少数社会精英之手的文学作品不一样的是，音乐往往来源于底层大众，在流动群体的生产和消费模式中发挥着重要作用。音乐让我们进一步认识到，虽然我们能够从流行音乐的歌词中获得很多信息，但是，在歌词之外，音乐亦有"唤起记忆和抒发情感"的能力。[3] 正是音乐的这一方面，与人口流动的联系最为密切。

伴随入侵部队行进的军乐队音乐可以提升他们的士气，震慑殖民地的民众。然而，在本地传统的肖姆管（shawm）、角笛舞基础上，印度、巴基斯坦和克什米尔的军乐队对苏格兰花格图案和苏格兰风笛进行了丰富多彩的改编，将英国这一殖民者的传统融入其中。对于那些身份比帝国士兵更卑微的移民群体来说，音乐成为他们回忆家乡，在新环境中重建身份的一种方式。例如，在英格兰、爱尔兰和苏格兰移民的目的国里，可以听到他们带去的民谣。

除了过去的浪漫歌曲，民谣歌手的哀歌也会勾起过去的痛苦回忆。一首名为《阿森赖的田野》（Fields of Athenry）的歌曲讲述了爱尔兰人迈克尔在为家人偷取食物后，被押上一艘英国监狱船前往澳大利亚植物学湾（Botany Bay）的故事。这首歌曲至今仍在体育赛事中传唱，以纪念大饥荒的苦难："迈克尔，他们把你带走了，因为你偷了特里维廉的玉米，让年轻人可以看到黎明，一艘监狱船已在海湾里等待，远处的低旷处是阿森赖的田野。面对饥荒和王权，我反抗，而他们又把我打倒了。"

流动的音乐

1865 年美国南方奴隶制终结后，许

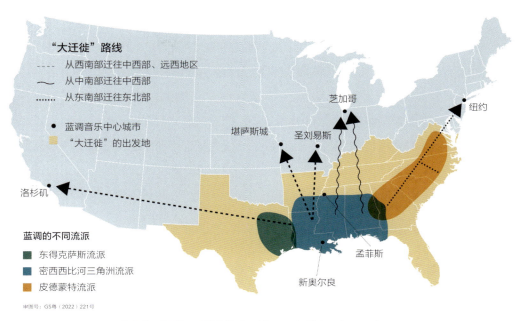

"大迁徙"路线
---- 从西南部迁往中西部、远西地区
—— 从中南部迁往中西部
···· 从东南部迁往东北部

● 蓝调音乐中心城市
▨ "大迁徙"的出发地

蓝调的不同流派
■ 东得克萨斯流派
■ 密西西比河三角洲流派
■ 皮德蒙特流派

审图号：GS粤（2022）221号

"大迁徙"时期传播的三种蓝调音乐流派

图 81　芝加哥的蓝调歌手（1947）

多曾经的奴隶在贫瘠的土地上过着朝不保夕的生活。他们种植棉花，或者当佃农在别人的棉花地里干活。对他们的作物棉花最大的威胁是棉铃象甲。在这些来自墨西哥的害虫穿过密西西比河之前，人们就从歌谣中听说过这种虫子。[4] 对棉铃象甲的恐惧以及它们造成的危害，再加上北方工业城市工作的吸引力，造就了美国历史上有名的"大迁徙"——在1900—1970 年，600 万非裔美国人从南方农村迁到北方城市。在迁徙途中，人们即兴创作了一些歌曲。

美国南方地区也是非裔美国人领导的非凡的克里奥尔音乐[①] 爆发的中心地带。非洲班卓琴、鼓、欧洲小号，单簧管、萨克斯管，以及教堂和酒吧使用的立式钢琴等乐器组合在一起演奏，创造了一种新的艺术形式——爵士乐。随着非裔美国人的北迁，以新奥尔良为中心的拉格泰姆音乐[②]、福音音乐、行进管乐（marching bands）激扬的节奏让位于"蓝调"（blues）音乐。后者将恐惧、忧郁、希望、怀旧等内容熔为一炉，独特而极富魅力。蓝调音乐使用的乐器一般是吉他。这种乐器价格不高，容易携带。

---

① creolized music，应指后面的爵士乐，爵士乐是由非洲音乐与欧洲音乐交融而成的音乐。

② ragtime，20 世纪初流行的美国黑人爵士音乐。

35

追 求 知 识

国际学生

在中世纪的欧洲，"流浪学者"——当时称"scholares vagantes"（德语
"fahrenden Schüler"）——很常见。他们有时候放浪形骸，但大多数情况下生活
拮据，从一个城市迁往另一个城市。他们四处听人讲课，住在简陋破烂的房子里。

对于今天的学者来说，这种反差再
大不过了。竞争极为激烈的招生市场和
高昂的学费都促使教育机构投资建设高
档的教学场所、奢华的体育设施和舒适
的宿舍。各种年龄段和学段的人们都可
能会出国留学，但是追求高等教育的留
学需求尤其显著。一些大学的生存严重
依赖于海外学生。

学生跨国流动性的增加在所有国家
都很明显。印度、中国是处于供应端的
两个大国。两个国家的留学生加在一起，
约占 2017 年赴美留学生人数的一半。虽
然有很多穷人无法享受到国外留学的益

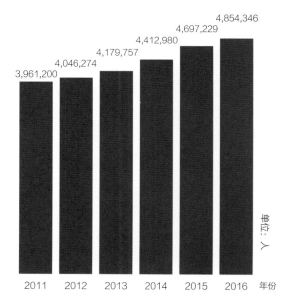

国际学生数量（2011—2016）

处，但中国和印度的"中产阶层"和富裕群体的人数相当庞大。基于中国统计部门的笼统定义，4 亿中国人属于"中产"，而根据 2015 年美国一项较为严格的统计，1.09 亿中国人的财产在 5 万—50 万美元之间。到 2017 年，中国留学生人数达到 480 万，年增长率约为 12%。

国际学生的接收国

过去，招收国际学生的国家一直是英语国家，尤其是美国和英国，而加拿大和澳大利亚这些英语国家也是重要的目的地。最近，许多欧洲大陆国家也成功地招收了国际学生，但有时不得不开设英语课程。在荷兰，有 850 门硕士课程用英语授课，荷兰政府甚至允许本国大学招收英国学生。加拿大通过提供获得永久居住权的多种途径，大大增加了国际学生的数量。

美国推迟给国外移民发放绿卡（工作签证）的做法客观上有益于加拿大。面对美国总统特朗普实施的严苛的移民规定，国际学生开始寻找其他留学目的国。美国国际教育协会（Institute of International Education，IIE）主席艾伦·古德曼（Allan Goodman）对这一事态发展持积极态度，他表示"需要考虑的因素有很多，从安全到成本，到对签证政策的认知。……我们没有听说学生们觉得他们不能来这里。我们听到的是他们可以有其他选择。我们听到的是来自其他国家的竞争"[1]。一项对在美国留学的印度学生的调查也证实了这一

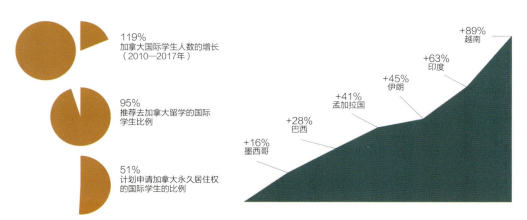

119%
加拿大国际学生人数的增长
（2010—2017 年）

95%
推荐去加拿大留学的国际学生比例

51%
计划申请加拿大永久居住权的国际学生的比例

+16% 墨西哥
+28% 巴西
+41% 孟加拉国
+45% 伊朗
+63% 印度
+89% 越南

2017 年出国留学人数增长最快的国家

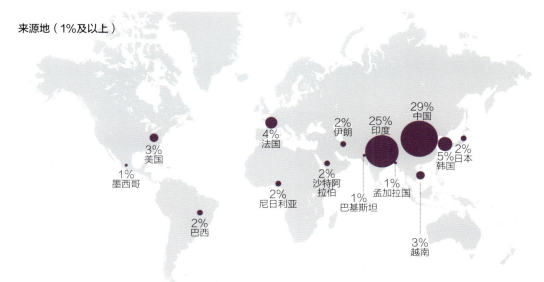

来源地（1%及以上）

29%
中国

25%
印度

2%
伊朗

4%
法国

3%
美国

1%
墨西哥

5%
韩国

2%
日本

2%
沙特阿
拉伯

1%
巴基斯坦

1%
孟加拉国

2%
尼日利亚

2%
巴西

3%
越南

审图号：GS粤（2022）221号

加拿大的国际学生来源（2018）

点。2019 年，在美国的印度技术移民受访者中，有 70% 的人在"郑重考虑"迁往"签证友好"的国家。正如调查报告的作者所指出的，如果上述 70% 的

图 82　即将从英国斯塔福德郡基尔大学（Keele University）毕业的国际学生

受访者都选择离开美国的话，美国将"因人才的流失和替换人才产生的相关费用而损失 190 亿—540 亿美元"[2]。

针对美国大学的研究主要集中在推测性的机会成本上，而牛津经济研究院（Oxford Economics）为英国大学联盟（Universities UK）所做的一项研究则针对直接的财务受益。该研究发现，2014—2015 年，"国际学生及其来访者在校园内外的消费，为英国的国民产出贡献了 258 亿英镑的间接收入"。另外，这份报告显示，国际学生给大学所在城市创造了 20.66 万个就业岗位，并为英国贡献了 108 亿英镑的出口收入。[3]

如此集中于分析国际学生给留学目的国家带来的经济效益，我们很可能会低估国外留学教育给这些学生本人以及他们的国家带来的文化、科技、教育和实际效益方面的广泛益处。

国际学生来源国的受益情况很大程度上取决于有多少留学生学成后返回祖国。个人之间差异很大，但只要国内有工作和机会等着他们，大多数人愿意用国外学到的知识报效祖国。一项针对荷兰的研究表明，80% 的在荷国际学生回到了其来源国（这一比例在经合组织成员国里正好处于平均水平）。影响剩余20% 的国际学生做出决定留在国外的一个重要因素是，他们在留学期间是否找到了当地伴侣。[5]

"野鸡"大学

"野鸡"大学[4]虽然并不是什么新事物，不过近年来数量猛增，因为它们在违规办学的同时，还用非法手段帮助客户绕过移民法规的监管。很多学生因为不知情而上当，但也有些学生心知肚明地参与了造假。作为英国官方机构的高等教育学位检验中心（Higher Education Degree Datacheck）列出了咨询日当天（2019 年 4 月 12 日）英国境内提供学位证书的 471 所获得教育部门认可的大学和243 所野鸡大学。一些野鸡大学很容易识别，比如：

牛津英格兰大学（University of England at Oxford）；

牛津国际大学（Oxford International University）；

牛津哲学研究院（Oxford College for PhD Studies）。

还有一些大学的学校名称与某所正规大学非常相近，颇能以假乱真，比如：

"International University Robert Gordon"（罗伯特戈登国际大学），相应的正规大学是"Robert Gordon University"（罗伯特戈登大学）；

"Manchester Open University"（曼彻斯特开放大学），相应的正规大学是"University of Manchester"（曼彻斯特大学）或"Open University"（开放大学）；

"Wolverhamton University"（伍尔弗汉顿大学），相应的正规大学是"Wolverhampton University"（伍尔弗汉普顿大学）。

所谓的"曼彻斯特开放大学"在招收广告中列出了他们提供的学位，收费高达 3.5万英镑，并声称在牛津路开设了一个根本不存在的校园，有来自 90 个国家的 2000 名学生就读。

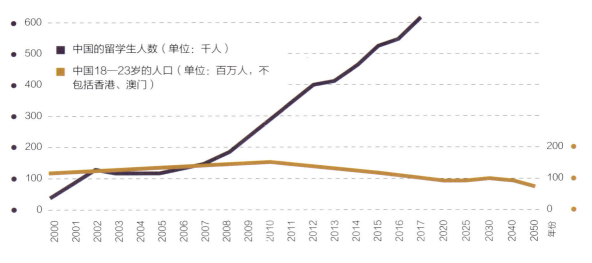

中国留学生的增长

新形势

　　亚洲的大学开始与欧洲、北美洲和澳大利亚的老牌高等学府相竞争，并取得了一些成就。新加坡、中国（包括香港）的一些大学在教学和研究方面都取得了显著的进步，获得了优秀的国际排名。中国还取得了数量上的飞跃：中国近年来教学设施不断增加，新院校创建，这差不多意味着每周便有一所中等规模的大学投入使用。虽然 18—24 岁年龄段的人口规模增长在放缓，但提供的教育机会却在大幅增加，政府宣称在未来几年实现人口的全覆盖。中国也加入了招收国际学生的竞争，计划在 2020 年将招生数量增加到 50 万（相当于赴加拿大留学的国际学生的规模）。

36

婚 姻 与 迁 徙

虽然看似片面，但这确实是人们对跨国移民的普遍看法：男性走出国门，为的是找工作。20世纪50年代以前，女性在移民背景中是相当模糊的角色，只是陪着丈夫出国，因为丈夫的关系而取得居住权或签证。

已婚或订婚女性往往不是先出国的人，而是在伴侣站稳脚跟后应其要求"追随"到国外。对于那些在老家没有家室的男性移民来说，"远程相亲"是一件很普遍的事情。方法有两种，一是通过照片来相亲（即"照片新娘"），另一种是通过媒人安排婚姻。这种远程婚配方式很早就有了，随着互联网的出现变得更加便利。女性开始大规模独立出国找工作后，人口迁徙这件事变得更加"性别中立"。不过，婚姻与人口迁徙之间仍然存在着显著而复杂的联系。[1]

日本的"照片新娘"

"照片新娘"这一说法最初来自于大约20万名日本契约劳工的经历，他们在1885—1924年被招募到夏威夷甘蔗种植园和菠萝种植园干活。由于拿到的薪水比约定的要少，他们被迫延长了3年的契约。他们写信给国内的亲人，希望家里人给他们物色妻子，并附上一些修饰过的照片，让人称赞他们的外表和海外的生活环境。大约2万名日本女性做出了积极的回应，她们往往还会附上一张"照片"。在过去长达40

图 83　1931 年，日本的"照片新娘"登上邮轮，前往南美洲与她们素未谋面的未来丈夫见面

年的时间里（直到 20 世纪 90 年代初结束），芭芭拉·F. 川上（Barbara F. Kawakami）走访了 250 个当年的"照片新娘"，听她们讲述了当年经历，她们的境遇大都很不如意。[2] 其中一位说道："我的丈夫经常酗酒，我受不了……以前他一喝醉就打我。孩子们很害怕，就跑到外面躲起来，直到他打完我才敢回来。"另一位说道："我想，要是有

办法能走过大海（返回）日本，我早就这么做了。"

代理婚姻：澳大利亚的意大利人

虽然有关夏威夷照片新娘的记录非常多，但实际上，类似的做法在许多移民群体中都很普遍，因为这些群体存在男女性别比例不均衡的现象，或者存在

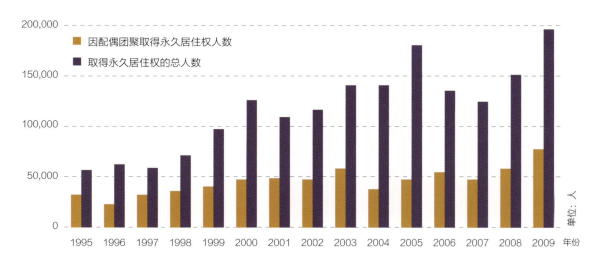

英国因配偶团聚取得永久居住权的人数和取得永久居住权的总人数（1995—2009）

排斥或自我排斥的观念，禁止与当地人跨阶层、种族、民族、宗教界限通婚。不过，澳大利亚的意大利移民们的做法则很罕见。大约 1.2 万名意大利女性通过"代理人"与身在澳大利亚的意大利丈夫完成婚姻仪式后，远赴澳大利亚开启她们的婚后生活。"代理婚姻"是指两个人在法律上的结合，其中一方无法出席婚礼仪式时，由代理人象征性地代表他或她来完成婚礼仪式。16 岁的卡尔梅拉（Carmela）讲述了她的结婚经过。她的邻居问她是否愿意嫁给他们几年前出国的儿子温琴佐（Vincenzo）。一开始，她说"不愿意"，但后来看到他的照片后就改变了主意。通过代理人举行了婚姻仪式后，就前往澳大利亚投奔他。[3]

配偶团聚移民：英国和日本

也许是因为在许多文化和社会中家庭团聚都占有重要地位，因此移民法条例中通常允许家庭团聚，这就往往涉及配偶的移民问题。这一条例也有一些明显的例外情况——最有名的可能就是南非的种族隔离政府为了防止黑人家庭住在政府指定的"白人区域"而出台了一些限制措施。

在英国，因配偶团聚移民而取得居

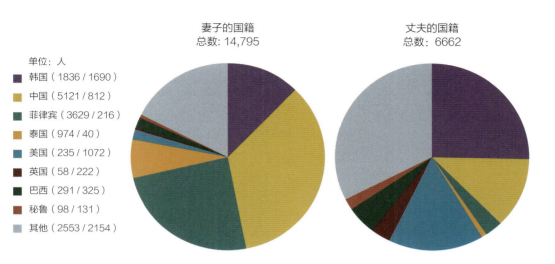

妻子的国籍
总数: 14,795

丈夫的国籍
总数: 6662

单位: 人

- 韩国（1836 / 1690）
- 中国（5121 / 812）
- 菲律宾（3629 / 216）
- 泰国（974 / 40）
- 美国（235 / 1072）
- 英国（58 / 222）
- 巴西（291 / 325）
- 秘鲁（98 / 131）
- 其他（2553 / 2154）

日本人的外籍配偶（2017）

住权占所有"取得居住权"总数的比例相当大，尽管因为管理政策的变化，相对于取得居住权的总数，配偶团聚移民数量具体占多大比例在不同时期存在变化。对于来自多妻制社会的男性，问题比较复杂。一般来说，他们不得将第二个或后来的妻子带到英国，也不许他们为一个妻子之外的其他妻子申请福利。

跨国婚姻的数量和多样性可以有效地衡量日本的人口流动情况。人们通常认为，日本的国际移民很少。然而，日本厚生劳动省公布的婚姻数据揭示了外国移民的数量。2013 年，大约每 30 对日本夫妇中就有 1 对是跨国婚姻（即

660,613 桩婚姻中的 21,488 桩）。在选择丈夫和妻子方面，不同国家之间存在着明显而有趣的差异。

"新娘赤字"和新娘的商品化

"新娘赤字"指的是当地缺少婚龄女性。这个现象往往缘于三个常见因素。

第一，印度农村的重男轻女导致了"新娘赤字"。根据 2010 年的统计数据，印度的男女比例是 109 ：100。通过产前检查确定胎儿性别，数以千万计的女孩被父母流产。[4]

第二，在农村地区，被土地所束缚

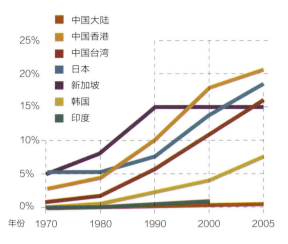

中国大陆
中国香港
中国台湾
日本
新加坡
韩国
印度

25%
20%
15%
10%
5%
0%

年份 1970   1980   1990   2000   2005

亚洲的未婚女性（1970—2005）

的男性常常发现，当地女性不喜欢农村闭塞的生活，比起结婚，她们更愿意离开这片土地到外面的世界寻找机会。

第三，不管是农村，还是城市，女性越来越不愿意结婚。这种现象在亚洲最为明显，因为在亚洲，女性不结婚的

情况历来罕见。中国香港、中国台湾和日本的女性单身比例特别高。

当然，一些未婚女性自己就是独立的国外移民。但是，"新娘赤字"的主要影响是迫使男性从网上寻找结婚对象，而且往往是跨国寻找。例如，马达加斯加女性被说服去法国农村生活，而日本农民则从菲律宾物色新娘。过去，这种婚姻是由婚姻中介来牵线搭桥的，现在，婚姻中介仍然在"邮购新娘"[①]操作中扮演着重要角色，将"新娘"变成了商品。随着互联网的发展，这种交易已经实现了数字化和全球化。印度的 Shaadi.com、Jeevansaathi.com 和 BharatMatrimony.com 只是印度众多婚恋网站中的三个。他们声称成功撮合了数百万对佳偶。

---

① mail-order bride：指通过婚姻中介在纸本目录、网络、电视或其他形式的广告中宣传，由男方从中挑选，并借此出嫁的女性。这是一个带有贬义的用语，具有冒犯性。

37

退休移民和生活方式型移民

20 世纪 70 年代以来，退休后移民的人越来越多。导致这种现象出现的原因很多，但人口模式和雇用模式是两个最为突出的根本原因。

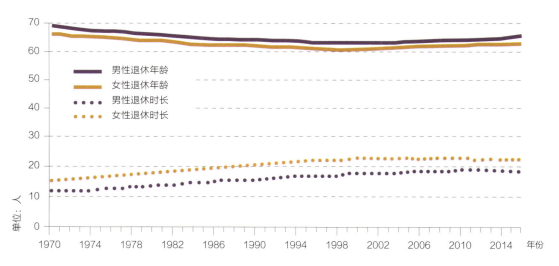

经合组织成员国的退休情况

相较于过去，现在 65 岁以上的老人数量大为增加，尤其是在 1970—2005 年平均寿命显著增加的较富裕国家。与此同时，企事业单位和自谋职业的退休年龄逐渐走低，导致"退休时光"从 14 年增加到 20 年。这多出来的几年不仅增加了可能选择移民的退休人员数量，而且从一开始就鼓励他们做出这种移民选择。

大背景

虽然人口和雇用因素支持人们退休后移民，但还有一些其他因素促使人们做出这一选择。

- 交通成本的降低大大地增加了人们的出行机会。例如，1992—2010 年，欧洲机票价格按实际价值计算下降了大约 50%，人们可以去更多的地方旅游，先前不熟悉的地方也成为

可能的退休目的地。

- 当代的退休人员比较富裕，不管是相对于父辈的退休收入，还是下一代可能获得的退休收入。

- 退休移民逐渐与生活方式型移民紧密联系起来，65 岁以上退休的人和提前退休的人有意识地选择寻找更安全、阳光更充足、污染更少、压力更小的地方享受"美好生活"，远离在拥挤、冷漠、寒冷的城市中常见的竞争压力。[1]

- 20 世纪 50 年代以来，远赴欧洲和

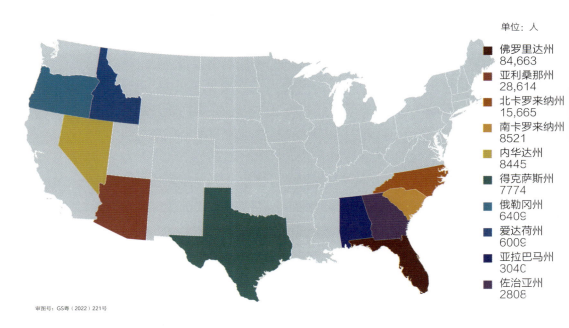

单位：人

- 佛罗里达州 84,663
- 亚利桑那州 28,614
- 北卡罗来纳州 15,665
- 南卡罗来纳州 8521
- 内华达州 8445
- 得克萨斯州 7774
- 俄勒冈州 6409
- 爱达荷州 6009
- 亚拉巴马州 3040
- 佐治亚州 2808

审图号：GS粤（2022）221号

美国本土退休人口最多的 10 个州（60 岁以上人口净流入最多的州）

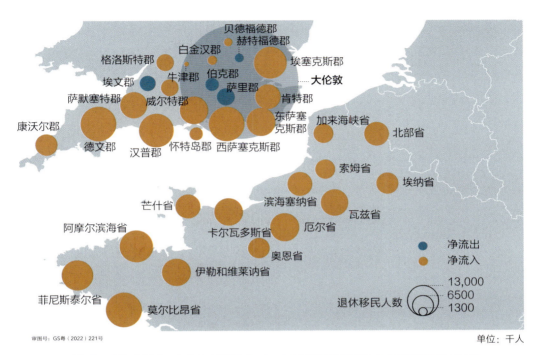

审图号：GS粤（2022）221号 　　　　　　　　　　　　　　　　单位：千人

英吉利海峡地区 60 岁以上人口的净迁徙和人口情况的变化

北美洲谋生的大量移民已经或即将进入退休年龄，面临着选择在目前的居住国退休还是重新移回出生国的问题。[2]

退休人员和生活方式型移民去了哪里？

美国

一般来说，退休人员如果搬家的话，多半会选择迁往阳光明媚的"南方"。这和过去某段时间的潮流正好相反。一个迁往南方的典型例子是，非裔美国人从东北部的去工业化地区迁移到美国南部，前往得克萨斯州、佐治亚州、佛罗里达州和北卡罗来纳州，尽管这些地区历史上恶劣的种族关系的残余影响仍然存在。前页的地图标出了美国最受退休人员青睐的 10 个州。虽然这些州一年四季气候宜人，但人们在选择迁居地点时也考虑了一些其他重要因素——最重要的因素是相对低的生活成本，在意向地区是否有可负担得起的住房，以及州政府和当地政府为了吸引退休人员出台

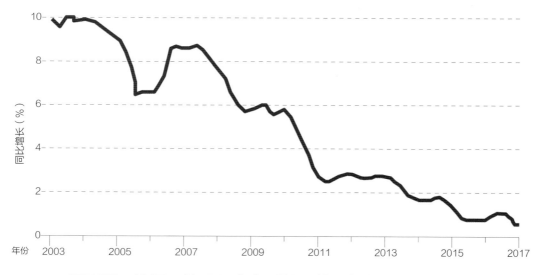

西班牙、法国、德国和意大利领取英国养老金的居民人数
（2003—2017）

的税收优惠政策。

英国和法国

　　法国的人口学家定义了英法两国人口流动形成的独特的"海峡地区"（Channel region）。[3] 这些人口学家已经意识到英国人（主要是英格兰人）退休后长期迁往英国南部海岸的布赖顿（Brighton）、普尔（Poole）、博格诺里吉斯（Bognor Regis）等沿海城市这一情况。更让人们感到意外的是，除了（或者说取代）生活成本高昂的法国蔚蓝海岸（Côte d'Azur），法国退休人员还在诺曼底和布列塔尼（Brittany）

定居。在那里也有英国退休人员，他们被相对低廉的房价所吸引（相较于英国南部海岸和多尔多涅等受欢迎的法国地区）。从前页的地图可以看出，人口在逐渐老龄化，越往欧洲西部，老龄化程度越高。

生活方式型移民

　　许多人移民是为了追求更好的生活水平。但生活方式型移民不同于那些为了找工作或生活所迫背井离乡的人。这些人的驱动力来源于表达自己的渴望，在一个并不熟悉的环境里实现自我价值。迈克拉·本森（Michaela

Benson）、卡伦·奥赖利（Karen O'Reilly）认为，这导致了人们在移民时看重主观性（人们的主观感觉和需求），而在某种程度上弱化了支持一个人选择定居地的人脉网络、老年福利机构和服务行业。让这种生活方式型移民更为复杂的是，房地产市场、飞机联运、鼓励外国投资（包括用以避税的离岸投资）的政策、养老金异地领取、该地区整体的权力和利益结构都会影响一个人具体移民到哪里。[4]

再见，朋友

退休移民和生活方式型移民应在了解更广泛的经济、社会和政治因素之后进行，这一点可以从地中海沿岸欧洲国家的退休移民速度放缓中看出来。一篇标题为《再见，朋友》（"Adios amigos"）的文章指出，2008—2016年，西班牙的房价下跌了三分之一，让"这个国家南部海岸各地出现了不少烂尾楼"，让那里的英国侨民处于负资产状态（房产的市场价值降到了抵押值以下）。[5]到2017年，从英国移民到欧洲大陆国家的退休人员数量暴跌。

另外两个因素也加剧了退休移民迁入某些欧洲国家的下降趋势。在许多地方，本章开头处所描述的移民趋势现在已经趋于平稳或开始逆转。例如，在平均寿命增长已经停滞的美国、英国等国，为了保证国家资助的退休金池（退休金本身已在面临威胁），延迟退休年龄的压力持续增加。考虑到2016年的英国脱欧公投结果，穿越海峡移民到欧洲各国的退休人员很可能会越来越少。住在欧洲大陆上的大量英国人可能会发现自己处于一个法律上的两不靠的境地，家庭资产也在不断减少。如果大量退休人员返回英国的话，将会进一步增加英国已经很紧张的社会和医疗服务。

3 8

气候驱动的人口迁徙

随便搜索一下互联网就会发现，游客们经常被提醒说，如果太平洋岛国图瓦卢（Tuvalu）和基里巴斯（Kiribati）在他们的"必看"景点名单上，就不应该等到退休后再安排行程。

如果海平面按照当前速度上升的话，到 2050 年，图瓦卢岛上的所有居民都必须撤离。到 2100 年，基里巴斯将完全被海水淹没。2008 年，马尔代夫总统穆罕默德·纳希德（Mohamed Nasheed）决定动用旅游税征来的资金从印度、斯里兰卡和澳大利亚购买土地，为将来的人口疏散做准备。海平面上升给威尼斯带来的负面影响举世皆知。虽然海平面的缓慢上升和其他长期的气候变化将会给未来几年的人口迁徙带来重要影响，但目前与气候相关的人口迁徙更多的是由突发性的自然灾害所驱动的。

突发的流离失所事件

虽然一些政界人士颇不以为然，但是气候学家已经用无可辩驳的证据表明，全球变暖导致生物多样性的减少、农作物产量的下降、炎热天气的频繁出现、极端天气事件和暴雨的增加。[1]台风、洪水、飓风和山体滑坡将给人类带来巨大伤亡，迫使大批人流离失所。2016 年，10 个规模最大的流离失所事件都与气候相关。

2019 年 3 月中旬，热带气旋"伊代"（Idai）摧毁了非洲东南部的大部

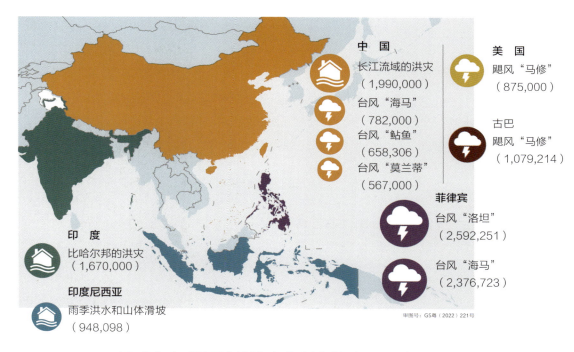

中国
长江流域的洪灾
（1,990,000）
台风"海马"
（782,000）
台风"鲇鱼"
（658,306）
台风"莫兰蒂"
（567,000）

美国
飓风"马修"
（875,000）

古巴
飓风"马修"
（1,079,214）

菲律宾
台风"洛坦"
（2,592,251）
台风"海马"
（2,376,723）

印度
比哈尔邦的洪灾
（1,670,000）

印度尼西亚
雨季洪水和山体滑坡
（948,098）

审图号：GS粤（2022）221号

10 个与气候相关的流离失所事件（2016）

括号内数字为受灾人数(单位：千人）

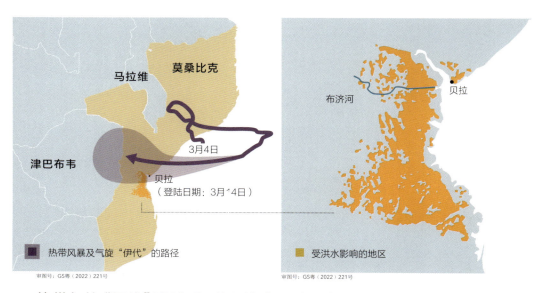

马拉维
莫桑比克

津巴布韦

3月4日

贝拉
（登陆日期：3月14日）

布济河
贝拉

热带风暴及气旋"伊代"的路径

受洪水影响的地区

审图号：GS粤（2022）221号

审图号：GS粤（2022）221号

热带气旋"伊代"登陆后，莫桑比克和津巴布韦的洪水泛滥情况（2019）

图84　2019年3月24日，遭受热带气旋"伊代"袭击后的莫桑比克贝拉街区俯视图

分地区。据初步评估，这场热带气旋导致 60 多万人流离失所，尤其是在莫桑比克、津巴布韦和马拉维三国地势较低的地区。一个五口之家被迫离开了贝拉（Beira），他们家的竹墙被大风吹倒，锌皮屋顶被掀翻，他们逃到邻居家，结果邻居家的房子也被猛烈的大风吹倒了。他们暂时栖身在一所学校里，看不到回归正常生活的希望。在接受采访时，这家人非常担心他们的叔叔——一个出海的渔民——他们担心他已经在风暴中丧生。[2]

气候、食品安全、冲突和人口迁徙

虽然我们可以通过电视屏幕看到极端的天气事件与人们流离失所之间的直接联系，但我们依旧需要深入地分析气候、食品安全、冲突和人口迁徙之间长期的因果联系。沙漠化、降雨不规律、全球变暖和水资源短缺（例如，撒哈拉沙漠以南非洲地区仅有 980 座大坝，其中 589 座在南非境内）导致粮食歉收和反刍动物的死亡。虽然较富裕的农民也许能够勉强度过几个不景气的年份，但

图 85　2017 年，一位美国官员在考察美国国际开发署（USAID）资助的水泵项目，该项目位于达尔富尔地区饱受战火的中部城市戈洛（Golo）

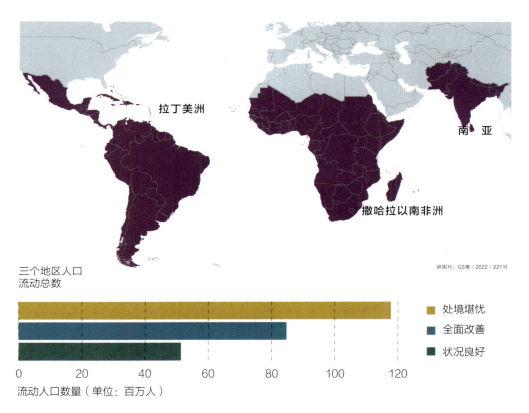

三个地区人口
流动总数

审图号: GS粤 (2022) 221号

流动人口数量（单位：百万人）

处境堪忧
全面改善
状况良好

到 2050 年，由于气候变化导致的地区性流离失所

关于牧场和淡水的争夺很容易发展成为暴力冲突。[3]

例如，一个潜在的因水源引发边境冲突的例子是，埃塞俄比亚不顾埃及对尼罗河水的历史主张（古埃及的法老甚至为尼罗河赋予了宗教意义），而在青尼罗河上建起了埃塞俄比亚复兴大坝（Grand Ethiopian Renaissance Dam）。这个例子说明了争夺淡水资源是引发国际冲突的一个可能因素。面对有限的淡水、食品安全水平的降低，以及由此产生的冲突，迁徙是一个应对之策。游牧群体和定居农业群体之间关于可灌溉田地的争夺已经成为苏丹共和国达尔富尔（Darfur）地区冲突的主要根源，许多人在冲突中丧生。当人们到处迁徙寻找水源和可耕地时，往往会引发新的冲突。

评估

评估气候变化对人口迁徙的影响存在两个难点。第一个难点是，人口迁徙规模取决于政府和其他政治团体的政策或行为是否会显著缓解气候变化的影响。由于这在很大程度上属于不确定因素，因此对 2050 年可能受到不利环境影响的流动人口数量预测值出入很大，在 2 亿—10 亿之间。[4] 而世界银行对 2050 年人口流动的预测比较保守。该预测覆盖了 3 个地区，分为 3 种情境：第 1 种是没有任何起色的悲观情境，第 2 种是政府倡导全面改善环境的中间情境，第 3 种是政府将环境问题列为一切决策的核心。在悲观情境下，流离失所人口的预测值在 1.17 亿—1.43 亿之间（参见前页图）。

评估气候变化对人口迁徙的影响的第二个难点是，虽然环境学家倾向于单一原因的解释，但大多数移民研究学者认为，人口流动的原因很复杂，比如，可能涉及其他地方的发展机会，涉及家庭义务和规划，是否具有不正常的或习惯性的迁徙文化，以及是否有多个促使或阻碍流动的个体原因。因此，除非我们讨论的是洪水或飓风这样的突发事件，否则我们切不可将某次具体的人口流动完全归因于气候变化。[5]

3 9

旅　游
人口流动及其弊端

　　在本书中，对人口流动的严格定义（以生活和工作为目的的人口流动）有所放宽，以便对人口流动的其他方面进行分析。从这一角度来看，旅游是规模最大、数量增长最快的人口流动形式之一，从二战刚结束时相对不甚显著的全球现象（大约1500万人次）发展到2030年全球旅游人数预计将达到的18亿人次。

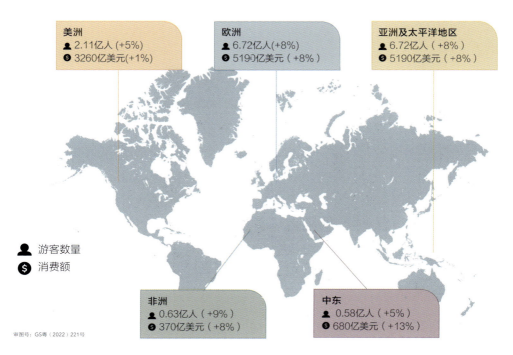

美洲
- 2.11亿人 (+5%)
- 3260亿美元(+1%)

欧洲
- 6.72亿人(+8%)
- 5190亿美元（+8%）

亚洲及太平洋地区
- 6.72亿人（+8%）
- 5190亿美元（+8%）

- 游客数量
- 消费额

非洲
- 0.63亿人（+9%）
- 370亿美元（+8%）

中东
- 0.58亿人（+5%）
- 680亿美元（+13%）

审图号：GS粤（2022）221号

跨国旅游的增长（1945—2030）

括号内的数字是相比前一年的增长。（数据来源：UNWTO，2018）[1]

和数字媒体平台业、石油业、汽车制造业一样，旅游业也是世界上最大的合法行业之一。根据世界旅游组织（World Tourism Organization，UNWTO）的数据，旅游业为全世界贡献了十分之一的就业岗位和相应比例的GDP。除了北非曾经因为安全恐慌出现局部的短暂下降趋势，以及2008年世界经济衰退期间出现了全球性的下滑之外，全球的旅游行业一直在增长。2017年，全球旅游人数超过13亿人次。

旅游业有很多积极影响。游客可借此机会，在休闲的同时，领略各种异域风景、文化和美食。旅游业能够给贫穷国家带来他们急需的外汇，给当地增加就业机会，为酒店和休闲行业带来经济收入。在二战之前，旅游实质上只局限于社会上少数富有的受教育群体。但从20世纪50年代开始，随着劳动大众的逐渐富裕和旅游需求的增加，大众旅游的机会越来越多，尤其是在欧洲和美国。在英国和德国，从事包价旅游[2]的公司和廉价航空公司的生意非常好，他们特别将西班牙南部发展成为一个重要旅游目的地。对于相对富裕的北欧工人来说，出国去气候温暖、阳光明媚的伊比利亚度假胜地度假，远胜于待在国内天气变化莫测的房车公园和度假营地。[1]

有一段时间，包价旅游似乎人人皆宜。旅行社生意火爆，航空公司的飞机里坐满了游客，人们暂时远离朝九晚五的生活，当地的酒店老板和酒店业的工作人员从季节性或近乎全年的旅游热潮中大赚其钱。然而，随着游客人数的迅速增加，人口流动的一些负面因素开始暴露出来。由于当地社区投入有限、软弱和腐败的当地政府授权建造过多的酒店项目，再加上政府急于增加就业机会，旅游公司、地产开发商和外国航空公司的话语权越来越大。

旅游和可持续发展

邮轮旅行、背包旅行和廉价的自助

图86 "皇冠公主号"邮轮抵达威尼斯

图87　当地居民在巴塞罗那的一个海滩上拉起横幅，抗议将公寓租给游客使用

旅行的增加，加上爱彼迎（Airbnb）这样的租赁公司的兴起，加剧了游客与当地人之间的"不可持续的比例"。据报道，仅2017年一年，就有8200万海外游客涌入西班牙（西班牙本国人口还不到4700万），而威尼斯的5.5万永久居民不得不适应每年涌来的2000万外地游客的局面。如此规模的旅游给当地人带来了巨大的挑战。所以，从2014年前后开始，很多热门景区出现了涂鸦和反旅游示威活动，也就不难理解了。

20世纪70年代以来，规划部门和旅游开发专家就已经意识到了无节制开发旅游的隐患，并推荐游客入住本地人在村镇里开的民宿，而不是景区酒店。[2]关于"可持续旅游""生态旅游""遗产旅游"，世界范围内有许多的良好案例。其中的一个开风气之先河者是中国台湾。那里"社区旅游与可持续发展、环境保护相辅相成。此外，当地支持开发社区旅游，特别是在农村地区、渔村和原住民社区"[3]。

虽然如此，但关于可持续旅游的努力却收效甚微。伴随着中国的经济腾飞，

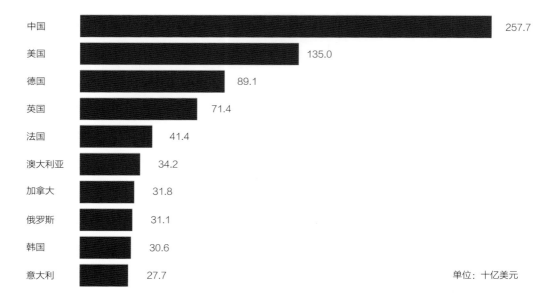

中国	257.7
美国	135.0
德国	89.1
英国	71.4
法国	41.4
澳大利亚	34.2
加拿大	31.8
俄罗斯	31.1
韩国	30.6
意大利	27.7

单位：十亿美元

中国游客的消费额远远超过其他任何国家的游客

大量的中国中产阶层游客加入了拥挤的旅游队伍，不惜花大钱前往欧美游客光顾过的地方一饱眼福。

随着大量游客的涌入，标志性的旅游景点正在遭到破坏。频繁的踩踏和随意丢弃的垃圾正在给秘鲁的马丘比丘（Machu Pichu）带来消极影响，而防晒霜让澳大利亚的大堡礁（Great Barrier Reef）的情况更加恶化。让问题雪上加霜的是，一些财迷心窍的旅行社推出"最后的机会"套餐，邀请游客在亚马孙热带雨林或佛罗里达大沼泽消失之前参观，或是在马尔代夫群岛被海水淹没之前前往上述地区旅游。[4] 除了威胁脆弱的生态系统，"破坏"国家遗址和文化珍宝之外，游客还经常威胁到传统的文化价值观和习俗。保守的地区经常有衣衫不整或醉酒的游客光顾。相较而言，性旅游，尤其是在泰国，"已经成为一个独立的旅游景点，一些知名的旅游指南中都推荐了红灯区"[5]。虽然很难找到可靠的最新数据，但是一个普遍的估计是，泰国有 20 万—30 万性工作者。他们主要为外国人提供服务。旅游是真正的善恶一体（既有善的一面，也有恶的一面）。

图 88 中国游客在伦敦唐人街拍照,背后的"Tokyo Diner"(东京餐馆)显得很不协调

① 地图标题和数据疑有误,根据世界旅游组织 2018 年的报告,图中数据反映的是 2017 年的跨国旅游情况,其中亚太地区接待国际游客共 3.23 亿,同比增长 6%,收入 3900 亿美元,同比增长 3%。

② 包价旅游是指旅游者在旅游活动开始前即将全部或部分旅游费用预付给旅行社,由旅行社根据与旅游者签订的合同,相应地为旅游者安排旅游途中的吃、住、行、游、购、娱等活动。

40

儿童与人口流动

在逃难的难民中，儿童占据着很大一部分。虽然是少数群体，但在所有流动人口中占相当大的比例。因为我们往往听不到3000多万小难民的声音，所以，在很大程度上，他们面临的困境和经历的痛苦不为人所知。

意识到儿童移民的权益可能遭到侵犯，关于儿童移民境遇的优先讨论中，大量讨论是法律人士、调查记者和社会政策专家针对一些话题进行的。该怎样应对儿童无人陪伴和失散儿童的问题，引起了社会福利机构和难民接收国当局相关政府部门特别的关注。即使是没有离开家园的儿童，父母的离开也会给他们带来巨大的影响，特别是当他们的父母远赴他乡工作，把他们留给亲戚照顾时。这里还考虑了以下情况：随父母搬迁时尚未成年的孩子，以及出生在定居国，但父母没有登记当地身份，被视为"非法移民"的孩子。

全球流动儿童概况

根据联合国的数据，2017年，在2.58亿的国际流动人口中，有3000万是儿童。不过，看到这里，人们很可能意识不到这一现象的严重程度。2013年，仅仅在中国，2.45亿国内流动人口中就有3600万是儿童。印度国内流动人口大军中的儿童数量也相当可观——上一次的可靠数字是2007—2008年统计的，当时的印度国内流动儿童是1500万。[1]

大多数儿童（很自然地会随着父母或其中一个人前往外地生活）因为背井

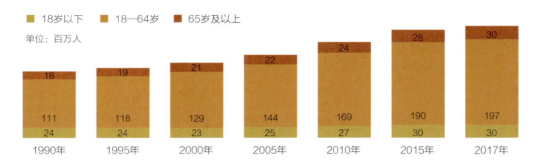

1990—2017 年不同年龄组的国际流动

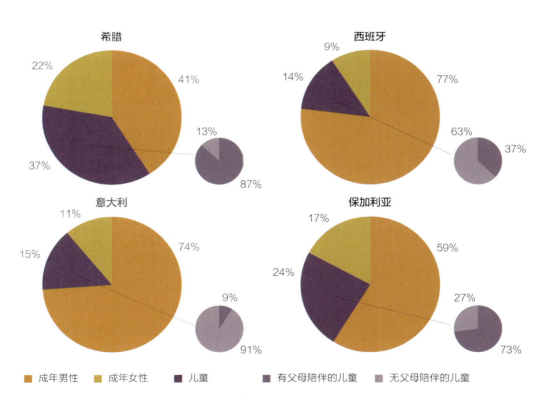

2017 年抵达希腊、意大利、西班牙和保加利亚的移民人口概况

离乡、旅途辛劳、适应新环境而受到尤其严重的影响。如果是以难民身份流动的话，这些压力更是会被成倍放大。哈佛大学心理学家瓦西里亚·迪迪基（Vasileia Digidiki）研究了希腊莱斯沃斯岛上中东儿童难民的困境。[2] 她发现，许多儿童饱受失眠症、尿床和噩梦的折磨。这些都是"创伤后应激障碍的明显症状"。许多儿童不得不面对在老家或迁徙途中失去亲人的痛苦。在某些时候，这些儿童感觉是自己造成了父母的痛苦。

值得一提的是，流动儿童的经历也有一些积极的方面。开放式的难民营取代了羁押中心，为流动儿童提供了某种程度的正常生活，这些儿童可以接受母语、中转国语言和目的国语言（希腊语、德语和英语）条件下的教育。流动儿童与当地儿童一起游戏娱乐可以帮助这些流动儿童治疗心理创伤的同时，也有助于减少岛上本地居民对外来人口的仇视和污名化。[3]

穿越地中海或巴尔干半岛涌入欧洲的难民（主要是非洲难民和中东难民）给欧洲带来的难民危机在 2015—2017 年达到顶峰。在这场难民大迁徙中，大量无人陪伴和无父母陪伴的儿童难民受到影响，他们往往要面对严重的心理和法律问题。

留守儿童

即使是没有离开家园的儿童，父母的离开也会对他们产生巨大的影响。以中国为例，因为户口制度（参见第 23 章）限制，大多数儿童（2013 年这个数字是 7000 万）被父母留在农村，交给亲戚（通常是祖父母）照顾。而祖父母往往无法为这些儿童提供有效的教育机会。2013 年，在农村地区，每 10 个儿童中，就有将近 4 个儿童因为父母外出打工而导致父母一方或双方不在身边。

对于出国打工的人来说，让他们把儿童"留守"在家可能是一件特别痛苦的事情。在对父母在国外打工讲契维语（Twi）的加纳儿童的一项研究中，卡蒂·科（Cati Coe）发现，这些儿童会用英语"family"（家庭）一词，而不是用契维语中与"family"一词最接近的词（那个词的意思是宗族）来表达家人分离的痛苦。这些儿童似乎接受了西方或亚洲的小家庭模式，经常对照顾他们的大家庭成员不满。有些甚至会大骂照顾他们的人，说他们把父母寄给他们的钱花在了他们自己的孩子身上。[4]

图 89　在农村学校上学的中国"留守儿童"

美国的"追梦人"

"追梦人"（DREAMers）指的是生活在美国，法律上属于"外国人"的儿童，这一奇怪的名称源自两位民主党参议员在 2001 年提出的《未成年外国人发展、救助和教育法案》①。该法案旨在为那些出生在美国，但父母属于非法居民的儿童提供合法身份，但该法案没有获得国会批准。虽然这项法案之后被多次提出，但一直没有生效。在唐纳德·特朗普总统执政期间，民众反对移民的呼声非常高，所以在可预见的未来，国会原封不动地通过这项法案的概率很低。

据估计，2019 年美国"追梦人"的数量是 360 万。相较而言，美国境内的非法移民总数是 1,130 万。在奥巴马执政期间，因为一项名为"童年入境者暂缓遣返手续"（Deferred Action for Childhood Arrivals, DACA）政策的保护，美国没有驱逐境内的 180 万"追梦人"。在本书写作期间，国会和特朗普总统还在继续谈判，以期找到永久解决"追梦人"问题的方案。特朗普打算以

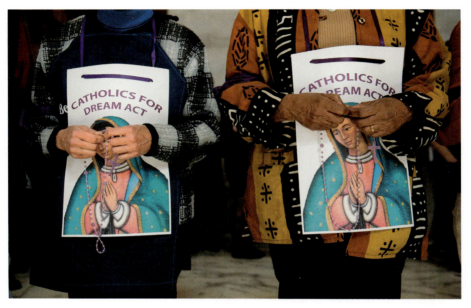

图90　2018 年 2 月 27 日，华盛顿特区国会山，在支持《未成年外国人发展、救助和教育法案》①的抗议示威中，一些天主教教徒手持念珠祈祷

此为筹码，换取国会拨款修建他提出的隔离墙（参见第 41 章）。幸运的是，那些非法移民的孩子组织工作做得很好，他们要求获得身份的呼吁活动得到了公众的大力支持。很多拉美移民是天主教徒，出于这个和其他道德原因，天主教会表达了对"追梦人"的强烈支持。

---

① Development, Relief, and Education for Alien Minors Act，简称 DREAM Act，追梦人计划。

41

隔离墙有用吗？

边界和人口流动

　　2016 年美国总统大选期间，修建隔离墙防止外来移民进入美国的想法引起了人们极大的关注。当时，唐纳德·特朗普让支持者高呼"修墙"口号，从而激发了他们的热情。"修墙"针对的是非法穿越墨西哥与美国边界的移民。

图91　1961 年 6 月 6 日，修建柏林墙的目的是阻止从民主德国向联邦德国的移民。柏林墙存在了 28 年，它预见了当今民族间修建隔离墙的许多尝试

修建围栏、屏障和隔离墙已成为世界上许多地区民粹主义兴起不可缺少的部分。以保障安全、打击跨境毒品、商品和人口非法流动为借口，类似的人造屏障还有印度与孟加拉国之间 4096 千米的边界，匈牙利与克罗地亚、塞尔维亚接壤的边界（2015 年），以色列与巴勒斯坦之间的边界。这种隔离墙包括异域特色样式的屏障，如摩洛哥与西撒哈拉之间用推土机推平的"沙墙"（berm），中间遍布地雷。摩洛哥境内狭小的西班牙飞地休达和梅利利亚（Melilla）成为欧盟与非洲仅有的陆上边界。这两块飞地与摩洛哥之间竖起了难以逾越的围栏。有人计算过，从 1989 年柏林墙被推倒到 2016 年，世界范围内隔离墙的数量增加了 4 倍，从 15 处增加到 65 处，涉及 40 个国家。[1]

许多这样的"墙"（这里用作通用的术语）建立在地理和社会情况都很怪异且不可思议地接壤在一起的地区。例如，2015 年，印度和孟加拉国边界调整，置换了恰好被"错划"到国境线另一边的 162 块领地。这些领土包括"地理奇境中最突出的地方——世界上唯一的'三级飞地'：那块飞地属于印度，位于孟加拉国境内，在一块较大的印度飞地之中有一块孟加拉国飞地，而孟加拉国飞地内又围着一块小小的印度飞地"[2]。

以色列与巴勒斯坦之间的"隔离墙"不只是在标示 1967 年商议的法定边界，该边界仅为隔离墙长度的 15%。巴以隔离墙在定居点之间蜿蜒穿行，将一些村子围起来，把一些不同的社区隔开，因此它的长度是"绿线"的 2 倍。绿线是 1948 年战争后，以色列与其邻国划定的分界线。

特朗普的边境墙

虽然只是普遍的隔离运动的一部分，但是特朗普的边境墙设想大大地刺激了支持者的想象力，引来媒体的持续报道。他之前提出的一些夸夸其谈的设想被压缩了规模。他最近的承诺是，在墨西哥与美国之间 3145 千米的长边界上，修建一堵覆盖一半多边界的边境墙，剩余部分由格兰德河（Rio Grande River）和一系列山地将两国隔开。人们从可行性方面，提出了很多反对意见。预估的修墙成本从 40 亿美元增加到 200 多亿美元。能否在特朗普的第一个任期内把边境墙修好，也是一件很不确定的事情。而且，正如特朗普在许多场合所表示的，让墨西哥来承担修墙费用，几乎不可能。

　　不过，关键的问题是，特朗普的边境墙能否在阻止非法（其他人更喜欢用"无证"）移民从美墨边境进入美国方面发挥重要作用。人们有很多理由怀疑来自墨西哥的移民是否出现显著的减少。第一，人们普遍认为美国境内的非法居留者多达 1100 万，其中将近一半来自墨西哥。[3] 第二，一个普遍存在的误解是，所有非法移民都是非法进入美国的。实际上，"逾期居留者"——合法进入该国但居留期超过了签证有效期的人——占 2014 年所有无证人员历史累计总数的 42%。而且，这一趋势还在加快。在同一年（2014 年）新增的无证人口中，66% 是逾期居留者。[4]

　　仅这些数字就表明，即使特朗普的边境墙真的被修建起来，作用也很有限。还需要指出的是，他并非零基础建墙，而是提议强化原有的隔离墙。因此，我们可以看到过去 20 年来美墨边界逐渐增加隔离墙，逐渐军事化的后果。道格拉斯·马西（Douglas Massey）详细地记录了那段历史。[5] 隔离墙的一个突出影响是，移民的过境点从传统的埃尔帕索（El Paso）、圣迭戈转移到了索诺拉沙漠（Sonoran Desert）。从索诺拉

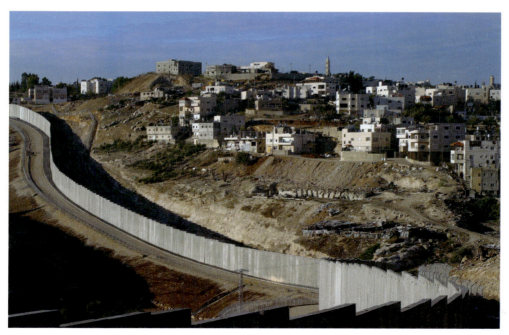

图 92　将巴勒斯坦人与以色列人隔开的约旦河西岸隔离墙

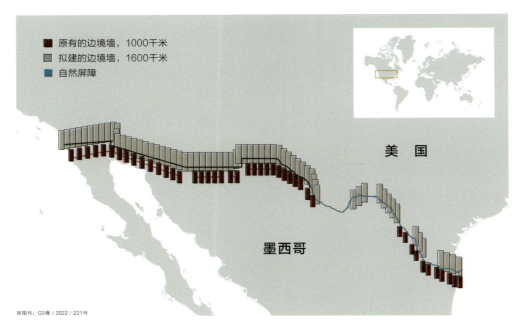

图例：
■ 原有的边境墙，1000千米
■ 拟建的边境墙，1600千米
■ 自然屏障

美 国

墨西哥

审图号：GS粤（2022）221号

特朗普总统的边境墙

沙漠进入美国的机会也很大，但是更危险，代价也更高，从而让人口走私者"郊狼"（coyotes）大发其财。路途的危险和高昂的代价让偷渡客返回墨西哥并再次穿越边境的可能性很小。为什么移民希望反复穿越美墨边境？就是因为自19世纪以来，北美自由贸易区形成。过境的人员往来十分常见，美国的墨西哥人退休后要回到墨西哥，平时可能是为了照顾亲人，或者只是为了回去参加亲人的婚礼。通过进一步限制劳动力的流动，特朗普的边境墙可能的结果将会是增加永久性的南北方向的过境，实际上，

这是将非法移民困在美国，而不是将他们拒之门外。马西用初到美国的墨西哥人在12个月内的返乡概率，分析了美国遏制墨西哥人返乡措施的效果。1980年，这个概率是48%，而到了2010年，这个概率变成了零。

为什么要修墙？

如果说隔离墙和类似隔离物对外来人口涌入没有任何作用，那是夸张之词，但是，它们的效果也确实被夸大了。就美国和墨西哥的情况而言，有充分的事

实表明，美国通过为来自墨西哥的流动人口提供便利的汇款服务、减税、与墨西哥当局合作提高返乡者的资金回报，进而推动更多流动人口回到墨西哥，这些方法远比隔离控制更为有效。这说明，修墙另有目的，主要是为了安抚国内永久居民对外来人口的强烈不满。特朗普所说的"高大、漂亮的墙"是一个醒目的、具体的存在，让人们想到"我们在这边，他们在那边"。在考察了以色列与巴勒斯坦的类似现象后，蕾切尔·巴斯布里治（Rachel Busbridge）认为，修墙是在"履行主权"，是在用一种夸张的形式来宣布某个物理空间是"我们的"。她解释说，隔离墙还"体现了深层次的力量不对称……它的物质性对相关国家的主观性和精神状态都会产生重大影响"[6]。因此，隔离墙传递了一个强有力的信息——不仅是"你不能来这边"，还表达了"我们可以强制执行自己的意志，因为我们比你们强大"。而后者正好是特朗普的支持者想要听到的。总之，对于民粹主义领导人来说，相较于真正地付诸行动，让民众觉得他在努力控制外来移民更重要。

拘押与驱逐

一般认为，康德在其《论永久和平：一个哲学素描》（*Perpetual Peace: A Philosophical Sketch*, 1795）一书中提出了这一观点：如果国家的意图是和平的，那么国家就应该积极向外国人开放边界，例如从事贸易。然而，民族国家在履行边境管理权方面的力度越来越大。

他们不仅设法阻止移民未经许可穿越国境线，还声称，对于那些违反入境条件的人，他们有权拘押或驱逐。最常见的违法行为是"逾期居留"，即合法进入一个国家，但是居留时间超过了签证或入境许可允许的期限。其他违法行为还包括在入境时隐瞒犯罪记录、获得公民身份或永久居住权之前犯罪。如果存在这些情况，当事人就要被驱逐，或至少要面临被驱逐的威胁。

拘押

移民可能因为各种原因被拘押，比如使用伪造的文件或在入境口岸隐瞒真实入境意图。有时他们是寻求避难者，在避难请求得到处理之前需要等待一段时间；有时他们是被定罪的罪犯；有时他们是等待被驱逐的逾期居留者。在过去 20 年里，遭拘押、处理乃至驱逐的移民数量大增。截至 2019 年，总部设在日内瓦的"全球拘押项目中心"（Global Detention Project）记录了全球的 1,251 家拘押中心。他们有时会给拘押中心起一些奇怪的名字——"拘留中心"（holding centre）、移民居留中心（migrant facility）、政府拘押人员特别遣返中心（Special Removal

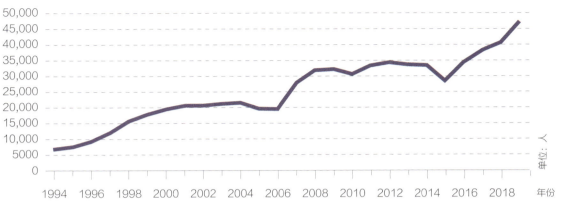

美国每日平均在押人员数量（1994—2019，财政年度）

图 93　2017 年 4 月 9 日，澳大利亚阿德莱德，抗议者涌向南澳大利亚州议会大厦，要求澳大利亚政府关闭位于马努斯岛、瑙鲁的离岸移民拘押中心

Centre for Administrative Arrested People）——但是，这些机构的共同之处是他们游离于公众监督之外。在这些机构里拘押的人们处于一种身份不确定的状态，不属于任何一个国家正常法律流程保护的对象。从美国每日平均在押人员的数量，可以推测出这些机构关押了数量庞大的入境人员。自 1994 年以来，美国每日平均在押人员数量增加了7 倍。

随着许多国家在押人员的增加，两个主要方面被表达了不满。第一个方面

是，这些拘押机构很多是监狱或曾经是监狱，不适合家庭、哺乳的母亲或寻求避难者居住。位于马努斯岛（Manus）、瑙鲁（Nauru）的澳大利亚离岸拘押中心尤其受到人们的诟病。

第二个方面是，无论是出于财政压力，还是意识形态上的偏好，政府将拘押中心的管理权交给了私营分包商，而对他们的公共监督和法律问责太少。多拉·施里奥（Dora Schriro）在一份披露文件里明确地指出了这个问题。她曾在奥巴马政府时期担任美国移民及海

审图号: GS粤（2022）221号

美国本土 ICE 空运部门的飞行路线图，飞机上的乘客都戴着手铐

除了包租国际航班，ICE空运部门还负责在美国境内运送被拘押的非法入境者。这张地图显示了该部门每周的常规飞行路线

关执法局（Immigration and Customs Enforcement，ICE）拘押政策和规划办公室（Office of Detention Policy and Planning）主任。虽然她对特朗普的移民政策颇多微词，但绝不会为奥巴马总统容忍的制度袒护，她认为政府不应该在营利性拘押中心安置家庭。为了避免侵犯人权，拘押中心应该接受 ICE（美国移民及海关执法局，隶属于美国国土安全部）的严格监督。[1]

驱逐

大规模驱逐移民可能会让很多观察人士感到惊讶，其中包括移民研究学者。马修·吉布尼（Matthew Gibney）提醒我们，1997—2007 年，美国驱逐了超过 200 万非美国公民。仅 2009 年就有 40 万非美国公民被驱逐出境。在英国，1997—2007 年，超过 40 万人被驱逐。而德国在 2000—2005 年仅通过空运就驱逐了超过 13 万人。[2] 就美国而言，"9·11"恐怖袭击事件促使美国成立了国土安全部。该部开发了自动生物识别系统。到目前为止，该系统已经收集了 1 亿多人的指纹。如果在一起可疑的移民案件中发现匹配的指纹，ICE 就会发出"拘押令"。这是被驱逐出境的前

奏。之后，"工业化模式"开始了。即将被驱逐出境的人以专机集中送到另一个城市。等到集中起来的人足够多之后，他们就会被直接遣送回国或送到边境城镇，用巴士送出美国。专机、燃料、安保、医疗等各项费用推高了驱逐成本——2016 年，美国驱逐一个人的成本达到了 1978 美元。

英国

在过去的英国，驱逐非法入境者的管理工作在很大程度上被公众"忽视"，但随着被驱逐人数的增加，英国内政部发现，越来越难以在不引发重大政治丑闻和负面报道的情况下管理驱逐制度。如果那些逾期居留者已经在社区扎下根来，他们的孩子已经在社区学校就读，当地的移民权利保护人士往往能够成功阻止内政部的驱逐行动。英国内政部曾经武断地驱逐有权留下的加勒比裔英国居民（参见第 21 章），后来他们不得不向那些被驱逐者进行赔偿。内政部还动用移动式卡车用于公开宣传活动，鼓励非法入境者自首，但后来造成了灾难性影响。社区警察部队抱怨说，这些卡车加剧了种族间的紧张关系，因此该宣传活动很快就终止了。

图 94 鼓励非法入境者主动回国的移动宣传活动，在推特上被打上了"种族主义卡车"（racistvan）标签

难民潮的解决方案

保护难民的法律基础是 1951 年的《难民地位公约》（Convention Relating to the Status of Refugees）。该公约要求签署国为"具有正当理由担心由于种族、宗教、国籍、特定社会团体的成员身份或政治见解等原因受到迫害"的个人提供避难。

虽然《难民地位公约》仍然不可或缺，特别是"禁止驱回原则"（不得将难民或寻求避难者遣返回可能让他们面临迫害的"不安全"国家），但是很多观察人士认为，需要更新 1951 年《难民地位公约》的条款，以涵盖当代的大规模难民潮问题。随行的家庭成员和儿童缺乏有效的保护，再加上难民数量巨大，意味着在审查难民资格时，必须实施以群体为单位的审查，作为对以个人为单位进行审查的补充。接收国是执行《难民地位公约》的关键法律通道。而现在，这一通道已成为公平审查的巨大障碍，因为许多政治家面临着抵制所有难民的压力，而不管他们多么需要保护。难民保护方面的缺口日益扩大，有些人甚至称之为鸿沟，催生了一些激进的、颇具想象力的难民潮解决方案。

难民的规模问题

从联合国难民署提供的数据（见下页图）中可以看出，1951 年《难民地位公约》签署以来，难民数量大幅增加。

虽然"受关注者"（persons of concern）一词包括 4000 万国内流离失所者，这些难民仍然由所在国家负责安排，但还有数量庞大的难民的命运掌

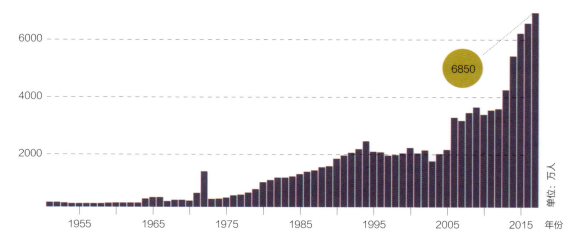

6000
4000
2000
6850

1955　1965　1975　1985　1995　2005　2015　年份

单位：万人

难民和其他"受关注者"（1951—2017）

"受关注者"是联合国难民署的一个术语，包括难民、寻求避难者、
国内流离失所者和其他一些人

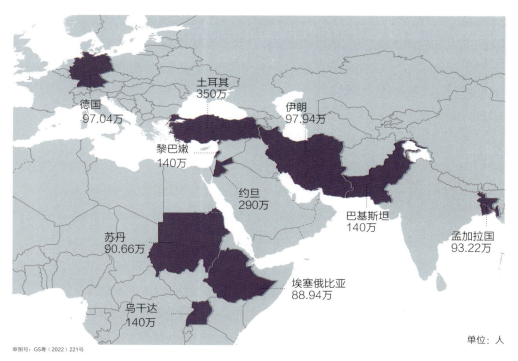

德国
97.04万

土耳其
350万

伊朗
97.94万

黎巴嫩
140万

约旦
290万

巴基斯坦
140万

孟加拉国
93.22万

苏丹
90.66万

埃塞俄比亚
88.94万

乌干达
140万

单位：人

审图号：GS粤（2022）221号

世界上接收难民最多的 10 个国家

握在其他国家手里，而在这些国家，反移民党派可能占上风。不必把全世界的反移民党派列出来，只要知道这一点就足够了：在 13 个欧洲国家里，反移民党派的支持率从 2013 年 1 月的 12.5% 增加到 2018 年 9 月的 25%（虽然这一情况主要集中在波兰、德国、意大利和匈牙利）。[1] 在这方面，最旗帜鲜明的强硬派可能是匈牙利总理欧尔班·维克托（Orbán Victor）。针对欧盟提出的接收合理比例的难民的要求，他说："谁能决定他们想要和谁一起生活？你能强迫他们接受一群外国人吗？还是应该让他们决定要收养谁？"[2]

与西欧国家流传的许多传统观点相左的是，穆斯林占多数的国家并没有对信奉同一宗教的难民的命运漠不关心。国际特赦组织（Amnesty International）2017 年的报告中显示，伊斯兰国家接收了世界上大多数难民。在世界上接收难民最多的 10 个国家中，伊斯兰国家占了 6 个（见上页地图）。

替代方案

虽然一些国家向难民敞开了大门，但提供的服务和支持仍然远远不够。这种状况催生了一些颇具想象力和内容全面的方案，包括在岛屿上建设专门的难民空间、将难民营发展成为原始城镇、倡导建立一个名为"避难所"（Refugia）的新型跨国实体或政治组织。在那里，

图 95　由难民自己动手组装的平板包装帐篷

图 96　在巴西的刚果难民举着代表难民的旗帜和刚果（金）国旗。在难民自发的组织过程中，艺术家雅拉·赛义德（Yara Said）设计了一面代表难民的旗帜。雅拉是一位在阿姆斯特丹得到庇护的叙利亚难民。旗子上黑色和橙色的设计是为了纪念那些穿着这些颜色的救生衣穿越地中海的人们

难民们可以在很大程度上实施自治。[3]

难民岛

最详细的难民岛解决方案是在突尼斯高原上建立一个"地处非洲的欧洲"（Europe-In-Africa，EIA）城邦国家——位于突尼斯和意大利之间的地中海上的一条狭长海床上。根据这一计划（希望欧盟能够提供资金），将把那片海床的表面垫高，由此产生的土地以 99 年的租约向突尼斯和意大利两国租借，从而建立一个新的国家，拥有自己的护照、宪法、经济和社会体系。德高望重的荷兰建筑设计师特奥·多伊廷格（Theo Deutinger）以这一想法为蓝本设计了一个建筑方案。该方案融合了很多欧洲和非洲元素，比如类似卡萨布兰卡的清真寺、类似罗马的圣彼得大教堂、类似牛津的大学、类似通布图（Timbuktu）

的城市构造等。最初，EIA 设计的人口容纳能力为 15 万人。不过，将更多的砂土倾倒在较浅的大陆架上，就可以扩大这个城邦国家的面积。

帐篷城市

第二套解决方案认识到，大规模难民潮出现时紧急搭建的临时住处和帐篷不是解决问题的长久之策。随着在难民营的时间越来越长，帐篷显然是不合适的——很容易撕裂，无法应对恶劣的天气，而且安全性和隐私性也很差。人们开始竞相改进统一配发给难民的帐篷。其中一个早期的"领跑者"，是由于火灾隐患而不得不改进。这是一种平板包装（flat-pack）帐篷，折叠起来后可以收进箱子里，组装起来后，就可以搭建一个简单的房子。这种帐篷的生产厂家是知名的瑞典家具公司宜家（Ikea）。

除了简单地提供更好的栖身处之外，更有远见的政策制定者提出了"选址和服务"（site-and-service）方案，将难民的庇护所选在具备基础设施条件（有专门划出的土地、有供水、有下水道系统和电力随时可用）的地方。随着难民自己动手完善栖身之处，先前成片的旧帐篷处出现了一座新城市。

避难所：跨国政治实体

罗宾·科恩、尼古拉斯·范·黑尔（Nicholas Van Hear）大大地推进了自我组织的原则，他们建议在那些难民"被海水冲上岸"的数百个地点建立一个跨国政治实体——避难所。避难所既不是一个新的国家，也不是一个跨国社会运动，而由难民领导并实行民主管理。难民可以随时加入或离开，选择与自己的原住国共进退。各个难民定居点将通过网络联系在一起，难民在"避难所"的各个定居点之间走动，或是到"避难所"定居点之外的地方，需要相关国家就签证和其他事项达成一致。"避难所人民"的福利通过一个名叫"芝麻芯"（Sesame chip）的芯片或应用程序（APP）来分发。这显然是一个带有乌托邦性质的设想。这个设想在网络上引起了大量的讨论，其中有一些是批评性的。[4]

人口流动的未来趋势

正如我们在这本书中看到的，人口流动和人类社会一样历史悠久。随着定居在世界各个大洲的人口增长——有些人会说是人口过剩——人口流动呈现出多种形式，从游牧，到剥削劳动力，到逃离冲突，再到寻找发展机会。人们对人口流动的早期认识，大多来源于逐水草而居的游牧部落，顺着鼻子寻找好买卖的商人，以及被强迫或自由的非技术劳工在田地、工厂和服务行业工作，这些劳工往往是持单程票到目的地。这些动因和人口流动形式有的仍在继续，有的将发生变化。不过审视未来，我们会发现人口流动的三大趋势，下文将对此逐一讨论。

只要较富裕的国家能够管控人口流动，我们就有可能看到他们的选择性越来越强。虽然低技术移民和家庭移民仍在继续，但是增加半技术移民，尤其是技术移民，正在成为这些国家移民政策的重点。

突发事件（比如逃离自然灾害和政治冲突）依然会催生相当数量的难民。另外，还会有数百万人将因为气候和人口方面的长期变化而离开故乡。

对于移民接收国的很多公民来说，相较于移民入境的原因和方式，他们更看重这些移民是否能"融入"本地文化和是否能够克服文化差异。对文化差异的恐惧助长了本土主义和民族主义运动，但也有希望看到一个更加和谐的未来。

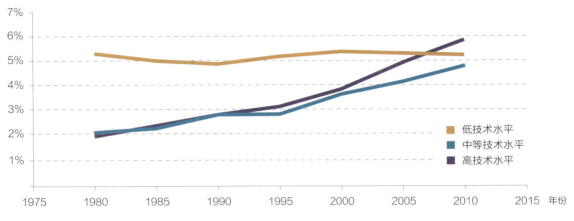

不同技术水平的移民占总人口的百分比（1975—2015）

对移民进行选择性管控

在历史上，美国、加拿大和澳大利亚这三个国家接收过大量的外来移民。因此，这些国家外来移民管理历史和轨迹为未来的移民管控模式提供了一个很好的试金石。多年来，这些国家按照种族和文化标准来选择性地接收外来移民。不过从 20 世纪 70 年代开始，他们抛弃了这些标准，转而选择技术移民或填补就业缺口的移民。加拿大和澳大利亚在所谓的"移民采购"（immigration shopping）行动中走得最远。例如，澳大利亚发放的"区域技术移民计划"（Regional Skilled Migration Scheme）签证只适用于澳大利亚人口增长较低的地区，因为在这些地区，雇主很难从当地劳动力市场找到足够的技术工人。假如你（一个虚构的意向移民）想在布里斯班、黄金海岸、纽卡斯尔、悉尼、伍伦贡（Wollongong）、墨尔本或珀斯找份工作，那你申请到签证的希望基本是零。但如果你是一个注册牙医，

图97　贫穷国家"人才外流"的图示

图98 为了逃离国内的经济和政治危机，委内瑞拉人非法越境，进入哥伦比亚

年龄在 45 岁以下, 会讲英语, 想去北领地(Northern Territory)发展, 请立刻登记![1]

这种精心设计的移民筛选表格可能会越来越成为经合组织国家(几乎是最发达的 36 个国家)移民政策的标志。很明显的是, 低技术移民、家庭移民、护理人员的数量已经不再增长, 甚至开始下降, 而高技术移民的增长非常显著。从第 35 章中我们可以看到, 富裕国家也越来越多地运用毕业生工作签证(post-study visas)来吸引高技术国际学生留下来, 尤其是在高科技、工程和医疗领域。对于许多贫穷国家来说, 技术工人出走造成的"人才外流"对他们打击很大。不过, 我们在第 25 章中也讲到, 菲律宾等人口大国培训和输出了数百万工人, 目的就是利用富裕国家技术人才短缺的机会, 换取更多的汇款收入。

失序的人口流动管理

与经合组织有选择地管控入境移民的做法相距甚远的是, 几乎可以肯定, 世界上其他地区的移民人数将会因为气候变化、政治冲突和区域内特殊的人口变化而大幅增加。飓风或洪水等突发事件的强度和频率似乎在增加, 因为海洋表面升温, 导致海上风速变大。而随着基础设施的破坏越来越严重, 更换成本越来越高, 管理难民潮的难度将越来越大。

新闻媒体对委内瑞拉、叙利亚和苏丹等遥远国度的事件大量报道, 让我们深入了解到国内冲突造成的人口流离失所。据联合国难民署预测, 到 2019 年底, 将会有 530 万委内瑞拉人(相当于该国人口的六分之一)逃离自己的国家。[2] 在过去的八年内战中, 也有类似数量的叙利亚人逃离祖国, 但预计 2019 年将有 25 万人回到叙利亚。苏丹可能有多达 320 万人离开家乡, 前往这个国家的其他地区谋生。

虽然突发的自然灾害和政治冲突催生了大量的流动人口, 但不容忽视的是, 缓慢的气候和人口变化, 可能在较长的一段时间内让数千万人口背井离乡。让我们以沙漠化问题为例。戈壁沙漠正在以每年 3600 平方千米的速度吞噬着邻近的草原。而撒哈拉沙漠自 1920 年以来, 面积以每年 10% 的速度增长。干旱, 再加上牲畜和可耕地的减少, 威胁着人类的生存并引发了冲突, 让越来越多的人认识到生存的唯一出路就是迁徙。当然, 海平面上升导致的海岸侵

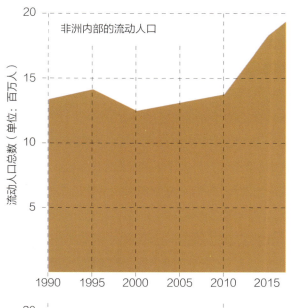

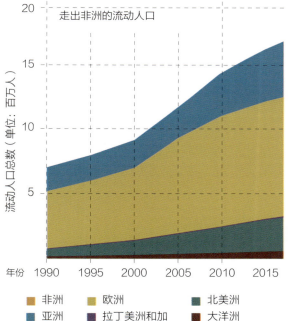

非洲内部的流动人口和走出非洲
的流动人口（1990—2017）

蚀也很重要，某个岛上的居民必须疏散的消息往往会成为重磅新闻。不过，相较于可耕地的逐渐减少，这种现象催生的流动人口数量较少。

虽然人口变化经常"被忽视"，不过，通过地区性的对比，我们能够发现未来可能面临巨大人口迁徙压力的地方。20世纪50年代，欧洲和非洲的活产儿数量大抵相同，后来这两个地区生育水平的巨大变化为我们提供了一个很有说服力的例子（见下图）。

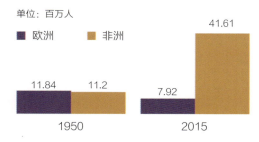

非洲和欧洲活产儿的数量

由于非洲的生育率相对较高、易受气候变化的影响、人类发展指数得分较低和政治冲突严重（但需要指出的是，这种冲突正在减少），非洲已经开始出现大规模的人口流动，而这一趋势减弱的可能性很小。虽然大多数人口流动将在非洲内部进行，但也有相当数量的人口涌向了其他大洲，特别是欧洲。

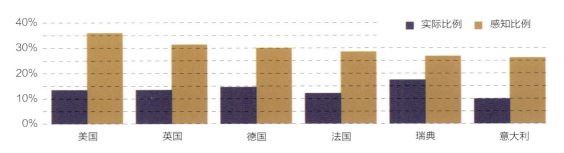

流动人口的感知比例和实际比例

对人口迁徙的反应

虽然学者、雇主和政府一直对外来人口入境的模式和原因感兴趣，但许多本地人更关心的是外来人口进入本地后的社会影响。特别是，他们关心能否和新来的陌生人相处融洽，或者宗教、种族、肤色和文化的差异是否会对双方的融入和共处造成障碍。从逻辑和经验上看，我们可以勾勒出人口迁徙带来的三种社会互动（简称"3C"）：

- 冲突（Conflict）：往往导致隔阂，本地人会要求限制外来人口继续进入；
- 共存（Cohabitation）：不同文化背景的人相处融洽，但没有深交；
- 克里奥尔化（Creolization）：通常是慢慢地相互学习，并通过一个称为"混杂化"或"克里奥尔化"的过程将不同的文化融合在一起。

冲突

在我们生活的时代，人口迁徙的突然、快速、复杂、大规模，引发了第一种可能并使其广受关注，即冲突。毫无疑问，世界上许多国家（尤其是意大利、匈牙利和美国）的民粹主义政治家从本国常住居民对外来移民的恐惧中获益。这种恐惧表现为很多形式，但衡量关切程度的一个指标是，在任何特定人群中，外来人口的数量总是被夸大。

共存

虽然人口流动在当代引发了不少冲突，但是从长期来看，人口流动引起的其他变化更为普遍。回顾历史上两个不同的民族之间的接触情况，我们可以看到不同文化之间的边界是如何被（往往是用种族语言）想象和缔造出来的。同时也可以看到，人类的模仿、好奇、欲望和移情能力让我们超越了这些边界。在

"世俗—理性价值观"高于"传统价值观"的社会，宗教和家庭价值观居于次要地位。同样，在"自我表达价值观"胜过"生存价值观"的社会，人们对外来人口的容忍度越来越高。[3]

然而，在这两种情况下，互动可能包括不同出身和文化的群体之间极为肤浅的共存形式。当然，小规模的经济来往、礼节性的问候和试探性的微笑，要比明显的敌意或仇恨犯罪好得多。不过在这些平淡的日常交往中，不同的文化就像气泡一样难以深入接触。在更深层次的互动中，这些气泡明显重叠，出现一个明显不同于母体文化的"克里奥尔化空间"（creolized space）。

克里奥尔化

在克里奥尔化方面，我们要讨论的是深层次的、渐进式的接触。不存在弱势文化被强势文化同化或融合的单向过程，双方身份和文化的融合也不可能完全和谐或平等。在克里奥尔化的过程中，共享空间和文化交流一般是不对称的，是有等级之分的。不过，克里奥尔化表明，这些接触可能是创造性的、富有成效的，而且往往会颠覆主流秩序。在不同种族之间不可逾越的表象之下，是我们听的音乐（爵士乐、雷鬼乐、摇滚乐）、我们跳的舞蹈（桑巴舞、萨尔萨舞）、发明的融合宗教（基督教、佛教）[4]、我们吃的食物（不仅仅是融合食物，还有新配料的使用），以及许多克里奥尔化的做法，从配诵诗歌（dub poetry）到卡波耶拉（capoeira）和现代瑜伽。

由于克里奥尔化是分散的，远离媒体的头条新闻，因此，我们往往没有注意到共同的社会和文化习俗是如何慢慢改变现有的权力结构和社会关系的。自下而上的创造力巧妙而又无处不在地破坏了种族、文化和身份之间所谓不可逾越的边界。这表明，外来人口和当地人可以慢慢地创造一个共同的未来。

注 释

序 言

1 Mimi and John Urry Sheller,"The new mobilities paradigm", *Environment and Planning A: Economy and Space*, 38 (2), 2006, 207–26, doi: 10.1068/a37268.

1. 走出非洲：早期人类

1 Yuval Noah Harari, *Sapiens: a brief history of humankind*, London: Vintage Books, 2011, p.56.

2 James Suzman, *Affluence without abundance*, London: Bloomsbury, 2017.

3 George Busby'Here's how genetics helped crack the history of human migration',The Conversation, 13 January, 2016. https:// theconversation.com/heres-how-genetics-helped-crack-the-history-of-human-migration-52918.

2. 探险家：阿拉伯人、中国人和欧洲人

1 Al-Futuhat website,"The Islamic role in nautical discoveries: reassessing mainstream modern history', 2018. http://alfutuhat.com/islamiccivilization/Nautical%20science/ Role.html.

2 Khaliq Ahmad Nizami,"Early Arab contact with South Asia", *Journal of Islamic Studies*, 5 (1), 1994, p.53, citing J.H. Kramers. See also Ross E. Dunn, *The adventures of Ibn Battuta: a Muslim traveler of the fourteenth century*, Berkeley: University of California Press, 2012.

3 Mariners'Museum and Park website, "ZhengHe", 2018. https://exploration.marinersmuseum.org/subject/zheng-he.

4 Mariners'Museum and Park website.'The ages of exploration', 2018.https://exploration.marinersmuseum.org/type/age-of-discovery.

3. 早期宗教和人口迁徙

1 Daniel Lovering,"In 200-year tradition, most Christian missionaries are American",*Reuters*, 21 February 2012. https://www.reuters.com/article/us-missionary-massachusetts/in-200-year-tradition-most-christian-missionaries-are-american-idUSTRE81J0ZD20120221.

2 Linda Learman, *Buddhist Missionaries in the Era of Globalization*, Honolulu: University of Hawai'i Press, 2005, p.6.

3 Dirk Hoerder, *Cultures in Contact: World Migrations in the Second Millennium*, Durham, NC: Duke University Press, 2002, pp.87, 89–90.

4. 游牧部落：从乌合之众到帝国

1 New World Encyclopedia,"Nomad", 7 December 2018. http://www.newworldencyclopedia.org/entry/Nomad.

2 Quoted in Patrick Daley and Dan O'Neill,"'Sad is too mild a word': press coverage of the Exxon Valdez oil spill", *Journal of Communication*, 41 (4), 1991, pp.42–57, doi: 10.1111/j.1460-2466.1991.tb02330.x.

3 Walter Meganack,"The day the water died", June 1989. https://jukebox.uaf.edu/site7/speech-written-chief-walter-meganack.

4 Ajay Saini,"The lesson from this missionary's death? Leave the Sentinelese alone", *Guardian*, 27 November 2018. https://www.theguardian.com/commentisfree/2018/nov/27/missionary-death-sentinelese-andaman-islands.

5 Thomas T. Allsen, *Culture and Conquest in Mongol Eurasia*, Cambridge: Cambridge University Press, 2004, pp.17–23.

5. 罗姆人和游居者

1 New World Encyclopedia,"Nomad", 7 December 2018. http://www.newworldencyclopedia.org/entry/Nomad.

2 Dean Nelson,"European Roma descended from Indian 'untouchables', genetic study shows",*Telegraph*, 3 December 2012. https://www.telegraph.co.uk/news/worldnews/europe/9719058/European-Roma-descended-from-Indian-untouchables-genetic-study-shows.HTML.

3 James A. Watkins, *History of the Gypsies*, Owlcation, 2016. https://owlcation.com/humanities/The-Gypsies Drawing on Angus Fraser, The Gypsies, Oxford: Wiley-Blackwell, 1995 (second edition).

4 P. Lane, S. Spencer and A. Jones,"Gypsy, traveller and Roma: experts by experience", National Federation of Gypsy Liaison Groups and the Joseph Rowntree Foundation Trust, 2014.

5 Alexandra Nacu,"The politics of Roma migration: framing identity struggles among Romanian and Bulgarian Roma in the Paris region", *Journal of Ethnic and Migration Studies*, 37 (1), 2011, pp.135–50, doi: 10.1080/1369183X.2010.515134.

6 Sharon Bohn Gmelch and George Gmelch,"The emergence of an ethnic group: the Irish Tinkers", *Anthropological Quarterly*, 49 (4), 1976, 225–38.

6. 液态大陆：太平洋岛民

1 Paul D'Arcy,"The people of the sea", in Donald Denoon (general editor) *The Cambridge History of the Pacific Islanders*, Cambridge: Cambridge University Press, 1997, p.75.

2 Sandra Bowdler,"The Pleistocene Pacific", in Donald Denoon (general editor) *The Cambridge History of the Pacific Islanders*, Cambridge: Cambridge University Press, 1997, pp.45–6.

3 Lilomaiava-Doktor Sa'iliemanu,"Beyond migration: Samoan population movement (Malaga) and geography of social space (Vā)", *The Contemporary Pacific: A Journal for Pacific Island Affairs*, 21 (1), 2009, pp.1–32, doi: 10.1353/cp.0.0035.

7. 大西洋沿岸的奴隶制

1 Eric Williams, *Capitalism and Slavery*, Chapel Hill, NC: University of North Carolina Press, 1944, pp.34, 35.

2 Philip Curtin, *Atlantic Slave Trade: A Census*, Madison: University of Wisconsin Press, 1972, p.87.

3 Clare Midgley, "Slave sugar boycotts, female activism and the domestic base of British anti-slavery culture", *Slavery and Abolition: A Journal of Slave and Post-Slave Studies*, 17 (3), 1996, pp.137–62, doi: 10.1080/01440399608575190, poem quoted on p.144.

8. 印度的契约劳工

1 Hugh Tinker, *A New System of Slavery: The Export of Indian Labour Overseas, 1830–1920,* London: Oxford University Press, 1974, pp.126–35.

2 *Tinker* , 1974: 176, citing Thakur Gajadhar.

9. 帝国：劳工和军事政权

1 Miroslav Verner, *The Pyramids: The Mystery, Culture and Science of Egypt's Great Monuments*, London: Grove Press, 2001, pp.75–82.

2 See New World Encyclopedia,"Potosí", 27 May 2015. www.newworldencyclopedia.org/entry/Potosí and Atlas Obscura,"Potosí Silver Mines", 2019. https://www.atlasobscura.com/places/potosi-silver-mines.

3 For estimates, see Ranjith MR,"Dark history of Congo rubber exploitation", 7 March 2017. https://www.rubberasia.com/2017/03/07/dark-history-congo-rubber-exploitation/. Note: there is a credible challenge to the often-repeated guestimate of "10 million deaths". See Ryan Faulk, "Mythologies about Leopold's Congo Free State", 24 July 2016. https://thealternativehypothesis.org/index.php/2016/07/24/mythologies-about-leopolds-congo-free-state/ Quotation cited in Robin Cohen, The new helots: migrants in the international division of labour, Aldershot: Gower, 1987, p.11.

4 Cohen 1987, p.11.

5 Jacques Chirac, "Allocution de M. Jacques Chirac, Président de la République, à l'occasion du 90ème anniversaire de la bataille de Verdun", 25 June 2006. http://www.jacqueschirac-asso.fr/archives-elysee.fr/elysee/elysee.fr/francais/interventions/discours_et_declarations/2006/juin/fi000721.html.

10. 麦加朝觐：伊斯兰教五功之一

1 Seán McLoughlin, "Hajj: how globalisation transformed the market for pilgrimage to Mecca", *The Conversation*, 15 August 2018. http://theconversation.com/hajj-how-globalisation-transformed-the-market-for-pilgrimage-to-mecca-97888.

2 Ben Flanagan, "Hajj 2014: warnings over UK'rip off' agents", *Al Arabiya News*, 3 October 2014. http:// english.alarabiya.net/en/perspective/features/2014/10/03/Hajj-2014-Warnings-over-UK-rip-off-agents.html.

3 Marie Dhumieres, "The Bosnian who made the pilgrimage to Mecca–on foot", *Independent*, 24 October 2012. https://www.independent.co.uk/news/world/middle-east/the-bosnian-who-made-the-pilgrimage-on-foot-8225227.html.

4 Surinder Bhardwaj,"Non-Hajj pilgrimage in Islam: a neglected dimension of religious circulation", Journal of Cultural Geography, 17 (2), 1998, p.70, doi: 10.1080/08873639809478321.

11. 爱尔兰的移民和"大饥荒"

1 Mike Dash, "How Friedrich Engels's radical lover helped him father socialism", Smithsonian.com, 1 August 2013. https://www.smithsonianmag.com/history/how-friedrich-engels-radical-lover-helped-him-father-socialism-21415560/#uXmxb33qTOeKiCV6.99.

2 Robert Scully, "The Irish and the'famine exodus'of 1847", in Robin Cohen (ed.) *The Cambridge Survey of World Migration*, Cambridge: Cambridge University Press, 1995, pp.80–4.

3 Noel Ignatiev, *How the Irish Became White*, London: Routledge, 1995.

12. 南非的矿工

1 Robin Cohen, *Endgame in South Africa? The Changing Structures and Ideology of Apartheid*, Trenton, NJ: Africa World Press, 1988, p.40.

13. 从罪犯到"10英镑内地仔"：移民澳大利亚的英国人

1 Deborah Oxley, *Convict Maids: the Forced Migration of Women to Australia*, Cambridge: Cambridge University Press, 1996, p.3.

2 Oxley (1996) p.9.

3 Robin Cohen, *Global Diasporas: An Introduction*, London: Routledge, 2008, p.72.

4 The Southern Cross, "First Catholic boy migrants arrive in West Australia", *Adelaide*, 19 August 1938. See also Geoffrey Sherington, "Contrasting narratives in the history of twentieth-century British child migration to Australia: an interpretive essay", *History Australia*, 9 (2), 2012, pp.27–47, doi: 10.1080/14490854.2012.11668416; Stephen Constantine, "The British government, child welfare, and child migration to Australia after 1945", *Journal of Imperial and Commonwealth History*, 20 (1), 2002, pp.99–132, doi: 10.1080/03086530208583135.

5 Steven Morris and Ellen Connolly, "Julia Gillard: the ten pound Pom who became prime minister of Australia", *Guardian*, 24 June 2010. https://www.theguardian.com/world/2010/jun/24/julia-gillard-ten-pound-pom-prime-minister-australia.

14. 欧洲人"越洋大迁徙"

1 Jon Gjerde, "The Scandanavian migrants", in Robin Cohen (ed.) *The Cambridge Survey of World Migration*, Cambridge: Cambridge University Press, 1995, p.88.

16. 巴勒斯坦：犹太人的迁徙和巴勒斯坦人的离开

1 Golda Meir, *Interview with Frank Giles, The Sunday Times*, 15 June 1969.

2 Thomas Friedman, "Promised land: Israel and the Palestinians see a way to co-exist", *New York Times*, 5 September 1993. https://www.nytimes.com/1993/09/05/weekinreview/promised-land-israel-and-the-palestinians-see-a-way-to-co-exist.html.

3 Geremy Forman and Alexandre (Sandy) Kedar, "From Arab land to'Israel lands': the legal dispossession of the Palestinians displaced

by Israel in the wake of 1948", *Environment and Planning D: Society and Space*, volume 22 (6), 2004, pp.809–30, dci: 10.1068/d402.

4 Jalal Al Husseini, "Jordan and the Palestinians", in Myriam Ababsa (ed.) *Atlas of Jordan: History, Territories and Society*, Beirut: Presses de l'Ifpo, 2013, pp.230–45, doi: 10.4000/books.ifpo.4560.

17. "新联邦"移民英国

1 Robin Cohen, *The New Helots: Migrants in the International Division of Labour*, Aldershot: Gower, 1987, pp.127–8.

2 G.C.K. Peach,"West Indian migration to Britain", International Migration Review, 1 (2), 1967, pp.34–45, doi: 10.2307/3002807.

3 Muhammed Anwar,"'New Commonwealth' migration to the UK", in Robin Cohen (ed.) *Cambridge Survey of World Migration*, Cambridge: Cambridge University Press, 1995, p.277.

18. 土耳其人移民联邦德国

1 Deniz Göktürl, David Gramling and Anton Kaes (eds) *Germany in Transit: Nation and Migration, 1955–2005*, Berkeley: University of California Press, 2007, p.8.

2 Cf. the fourfold division proposed by Yunus Ulusoy,"From guest worker migration to transmigration: the German–Turkish migratory movements and the special role of Istanbul and the Ruhr", in D. Reuschke, M. Salzbrunn and K. Schönhärl (eds) *The Economies of Urban Diversity*, New York: Palgrave Macmillan, 2013, doi: 10.1057/9781137338815_4.

3 Max Frisch, *Öffentlichkeit als Partner*, Berlin: Suhrkamp, 1967, p.100."Man hat Arbeitskräfte gerufen, und es kamen Menschen" in original German.

4 Nermin Abadan-Unat,"Turkish migration to Europe", in Robin Cohen (ed.) *The Cambridge survey of world migration*, Cambridge: Cambridge University Press, 1995, p.281.

19. 越南船民

1 L. Davis, "Hong Kong and the Indochinese refugees", in S. Chantavanich and E.B. Reynolds (eds), *Indochinese Refugees: Asylum and Resettlement*, Bangkok: Institute of Asian Studies, Chulalongkorn University, 1988, p.151.

2 Chan Kwok Bun, "The Vietnamese boat people in Hong Kong", in Robin Cohen (ed.) *The Cambridge Survey of World Migration*, Cambridge: Cambridge University Press, 1995, pp.382–3.

3 Christopher Parsons and Pierre-Louis Vézina, "Migrant networks and trade: the Vietnamese boat people as a natural experiment", *Economic Journal*, 128 (612), 2018, F210–34, doi: 10.1111/ecoj.12457.

4 Jill Rutter, *Refugee Children in the UK*, London: McGraw-Hill, 2006, p.68.

20. 苏联解体后的移民潮

1 Robin Cohen, "East–West and European migration in a global context", *Journal of Ethnic and Migration Studies*, 18 (1), 1991, pp.9–26, doi: 10.1080/1369183X.1991.9976279.

2 Stefan Wolff, "German and German minorities in Europe", in Tristan James Mabry (ed.) *Divided Nations and European Integration*, Philadelphia: University of Pennsylvania Press, 2013. Available at http://www.stefanwolff.com/research/germany-and-german-minorities-in-europe.

3 Nicholas Van Hear and Robin Cohen, "Diasporas and conflict: distance, contiguity and spheres of engagement", *Oxford Development Studies*, 45 (2), 2017, pp.171–84, doi: 10.1080/13600818.2016.1160043.

21. 加勒比移民

1 Tia Ghose, "Humans may have been stuck on Bering Strait for 10,000 years", Live Science webpage, 27 February 2014. https://www.livescience.com/43726-bering-strait-populations-lived.html.

2 Jill Sheppard, "A historical sketch of the poor whites of Barbados: from indentured servants to'Redlegs'", *Caribbean Studies*, 14 (3) 1974, quote from p.75.

3 B.W. Higman, *Slave Population of the British Caribbean, 1807–1834*, Kingston, *Jamaica: The Press*, University of the West Indies, 1995, p.3.

4 Julie Greene, "Who built the Panama Canal?", Jacobin webpage, 21 June 2017. https://www.jacobinmag.com/2017/06/ trump-panama-canal-varela-imperialism-latin-america

22. 海外华人

1 OER Services, "Chinese dynasties: seaports and maritime trade", in World Civilization, Portland: Lumen Learning, 2016. https://courses.lumenlearning.com/suny-hccc-worldcivilization/chapter/trade-under-the-tang-dynasty/

2 Robin Cohen, *Global diasporas: an introduction*, London: Routledge, 2008, p.85.

3 Lydia Potts, *The World Labour Market: A History of Migration*, London: Zed Books, 1990, p.71.

4 Cohen (1995) p.90.

5 Suzy Strutner, "The 10 best Chinatowns in the entire world", HuffPost US, 7 December 2017. https://www.huffingtonpost.co.uk/entry/chinatowns-all-over-the-world_us_4704673

6 Ong Jin Hui, "Chinese indentured labour: coolies and colonies", in Robin Cohen (ed.) *The Cambridge Survey of World Migration*, Cambridge: Cambridge University Press, 1995, pp.51–6.

23. 户口和中国人口的内部流动

1 T. Cheng and M. Selden, "The origins and social consequences of China's hukou system", *The China Quarterly*, 139, 1994, 644–68, doi: 10.1017/S0305741000043083.

2 John Torpey, "Revolutions and freedom of movement: an analysis of passport controls in the French, Russian, and Chinese revolutions", *Theory and Society*, 26 (6), 1997, p.857. https://www.jstor.org/stable/657937.

3 Public Radio International, "China's hukou system puts migrant workers at severe economic disadvantage", PRI webpage, 1 May 2013.https://www.pri.org/stories/2013-05-01/chinas-hukou-system-puts-migrant-workers-severe-economic-disadvantage.

24. 印度的人口转移和印巴分治

1 Yasmin Khan, *The Great Partition: The Making of India and Pakistan*, New Haven, CN: Yale University Press, 2007, p.17.

2 Begum, Arghwani. *Oral History Interview by Fakhra Hassan* (31 August 2015), The 1947 Partition Archive. Web, 15 May 2019. https://exhibits.stanford.edu/1947-partition/catalog/sy490th7041.

25. 劳动力输出：菲律宾

1 Robyn Margalit Rodriguez, *Migrants for Export: How the Philippine State Brokers Labor to the World*, Minneapolis: University of Minnesota Press, 2010, p.4.

2 Maruja M.B. Asis, "The Philippines: beyond labor migration, toward development and (possibly) return", Migration Policy Institute online article, 12 July 2017. https://www.migrationpolicy.org/article/philippines-beyond-labor-migration-toward-development-and-possibly-return

26. 性工作者的交易

1 International Labour Office, *Profits and poverty: the economics of forced labour*, Geneva: ILO, 2014, p.13.

2 Donna M. Hughes, "The 'Natasha' trade: the transnational shadow market of trafficking in women", *Journal of International Affairs*, 53 (2), 2000, pp.625–6.

3 Equality Now, "Stories of survivors: Natalie and Sam". https://www.equalitynow.org/natalie_sam.

4 Laura Lammasniemi, "Anti-white slavery legislation and its legacies in England", *Anti-Trafficking Review*, (9), 2017, pp.64–76, doi:10.14197/atr.20121795.

5 J. Vandepitte, R. Lyerla, G. Dallabetta, F. Crabbé, M. Alary and A. Buvé, "Estimates of the number of female sex workers in different regions of the world", *Sexually Transmitted Infections* (BMJ Journals), 82 (S3), 2006, iii18–25, doi: 10.1136/sti.2006.020081.

6 Study reported in Ronald Weitzer, "The social construction of sex trafficking: ideology and institutionalization of a moral crusade", *Politics and Society*, 35 (3), 2011, p.454, doi: 10.1177/0032329207304319.

7 Ibid.

27. 流亡者：客死他乡，还是东山再起

1 J.J. O'Connor and E.F. Robertson, "Aristotle", University of St Andrews web page, February 1999. http://www-history.mcs.st-andrews.ac.uk/Biographies/Aristotle.html.

2 Friedemann Pestel, "French Revolution and migration after 1789", European History Online, 11 July 2017. http://ieg-ego.eu/en/threads/europe-on-the-road/political-migration-exile/friedemann-pestel-french-revolution-and-migration-after-1789 .

3 笔者曾访问过圣赫勒拿岛的朗伍德，并在拿破仑的床边看到了剥落的墙纸，据说其中含有砒霜。因此，我们说的可能是意外中毒，也许是多年来摄入的含有相同物质的各种药物所造成的。当然，在调查过程中人们发现，他的头发和身体含有大量的砷。

28. 冷战时期人口迁徙的政治博弈

1 "Expulsion from the Soviet Union", Wikipedia page, 10 March 2019. https://en.wikipedia.org/wiki/ Aleksandr_Solzhenitsyn#Expulsion_from_the_Soviet_Union.

2 George J. Borjas, "The wage impact of the Marielitos: a reappraisal", Harvard University working paper, 2015. https://sites.hks.harvard.edu/fs/gborjas/publications/working%20papers/Mariel2015.pdf.

29. 全球人口大流散

1 Robin Cohen, *Global Diasporas: An Introduction*, second edition, London: Routledge, 2008.

2 Rudolph J. Vecoli, "The Italian diaspora: 1876–1976", in Robin Cohen (ed.) *The Cambridge Survey of World Migration*, Cambridge: Cambridge University Press, pp.124–22.

3 Donna R. Gabaccia, *Italy's Many Diasporas*, London: UCL Press, 2000.

4 Albert Hourani, "Introduction", in Albert Hourani and Nadim Shehadi (eds) *The Lebanese in the World: A Century of Emigration*, London: I.B.Tauris for the Centre for Lebanese Studies, p.7.

5 Yuri Slezkine, *The Jewish century*, London: Princeton University Press, 2004, p.31.

6 Paul Gilroy, *The Black Atlantic: Modernity and Double Conscious-ness*, London: Verso, 1993.

30. 涌向海湾国家的人们

1 Owen Gibson and Pete Pattisson, "Death toll among Qatar's 2022 World Cup workers revealed", Guardian, 23 December 2014. https://www.theguardian.com/world/2014/dec/23/qatar-nepal-workers-world-cup-2022-death-toll-doha.

2 Amy Foster, "Death toll rises in the lead up to the 2022 World Cup'", News.com.au, 29 September 2017. https://www.news.com.au/world/asia/death-toll-rises-in-the-lead-up-to-the-2022-world-cup/news-story/43896b31023dd6ab6ed213637fe4d3e7.

3 Ibid.

4 Development News, "Data reveals 24,570 Indian workers have died in Gulf countries since 2012", 8 November 2018. www.developmentnews.in/data-reveals-24570-indian-workers-died-gulf-countries-since-2012.

5 Manolo I. Abella, "Asian migrant and contract workers in the Middle East", in Robin Cohen (ed.) *The Cambridge Survey of World Migration*, Cambridge: Cambridge University Press, 1995, pp.418–23.

31. 地中海的人口流动

1 Martin Bernal, *Black Athena: The Afroasiatic Roots of Classical Civilization*, volumes 1, 2 and 3, London: Free Association Books, 1987–2006.

2 Fernand Braudel, *La Méditerranée et le Monde Méditerranéen à L'époque de Philippe II*, Paris: Armand Colin, 1949.

3 Rod Norland, "'All of Africa is here': where Europe's southern border is just a fence", *New York Times*, 19 August 2018. https://www.nytimes.com/2018/08/19/world/africa/ceuta-morocco-spain-migration-crisis.html.

4 Ruben Andersson, "Time and the migrant other: European border controls and the temporal economics of illegality", *American Anthropologist*, 116 (4), 2014, pp.796, 803, doi:10.1111/aman.12148.

32. 世界各地的医护人员

1 J. Buchan, I.S. Dhillon and J. Campbell (eds) "Health employment and economic growth: an evidence base", Geneva: World Health Organization.https://www.who.int/hrh/resources/WHO-HLC-Report_web.pdf (p.16).

2 RPS Migration, "Work as a nurse or as a skilled migrant in Australia". http://104.236.45.183/work-in-australia.

3 Report by the Health Foundation, The Kings Fund and the Nuffield Trust, *Closing the Gap: Key Areas For Action on the Health and Care Workforce*, London, March 2019, p.2. https://www.medacs.com/Allied-healthcare-jobs-qatar;https://www.jobs4medical.co.uk/blog/;https://www.nurses.co.uk/jobs/nursing/rest-of-world/963/oops-lf1-pp.

4 E.J. Mills, S. Kanters, A. Hagopian, N. Bansback, J. Nachega, M. Alberton et al., "The financial cost of doctors emigrating from sub-Saharan Africa: human capital analysis", The BMJ, 343, 2011, doi: 10.1136/bmj.d7031.

5 Aisha K. Lofters, "The 'brain drain' of health care workers: causes, solutions and the example of Jamaica", *Canadian Journal of Public Health*, 103 (5), 2012, p.e377.

33. 叙利亚难民：黎巴嫩接收难民的情况

1 Cameron Thibos, "One million Syrians in Lebanon: a milestone quickly passed", Migration Policy Centre, Policy Briefs, June 2014. http://hdl.handle.net/1814/31696.

2　Katharine Jones and Leena Ksaifi, *Struggling to Survive: Slavery and Exploitation of Syrian Refugees in Lebanon*, London: The Freedom Fund, 8 April 2016. https://d1r4g0yjvcc7lx.cloudfront. net/uploads/Lebanon-Report-FINAL-8April16.pdf (p.3).

3　"Noha's story", Global Fund for Women, 2012. https://www. globalfundforwomen.org/nohas-story/#.XIe-VfZ2uUk.

34. 音乐的根与路

1　Roger Blench, "Using diverse sources of evidence for reconstructing the prehistory of musical exchanges in the Indian Ocean and their broader significance for cultural prehistory", 2012. http://www.rogerblench.info/Archaeology/Africa/ AAR%20 paper%20Indian%20Ocean.pdf.

2　Peter McKay, "Plucking heartstrings", *Spectator*, 14 April 2012. https://www.spectator.co.uk/2012/04/plucking-heartstrings/2.

3　J. Baily and M. Collyer, "Introduction: music and migration", *Journal of Ethnic and Migration Studies*, 32 (2), 2006, pp.167–82, doi: 10.1080/13691830500487266.

4　D. Bloome, J. Feigenbaum and C. Muller, "African-American marriage, migration and the boll weevil in the US South, 1892–1920", September 2015, p.3. https://pdfs.semanticscholar. org/165e/72ede4c43acdd49ebed11acd3cde0daeaa17.pdf.

35. 追求知识：国际学生

1　Yeganeh Torbati, "Fewer foreign students coming to United States for second year in row -survey", *Reuters: Technology, Media and Telecommunications*, 13 November 2018. https://uk.reuters.com/ article/usa-immigration-students-idUKL2N1XN161.

2　P.B. Vijayakumar and C.J.L. Cunningham, "US immigration policies hamper entrepreneurial ambitions", University World News, 15 March 2019. https://www.universityworldnews.com/post. php?story=20190312145259472.

3　Universities UK, "International students now worth £25 billion to UK economy: new research", 6 March 2017. https://www. universitiesuk.ac.uk/news/Pages/International-students-now-worth-25-billion-to-UK-economy---new-research.aspx.

4　Prospects HEDD, UK higher education's official degree verification service, https://hedd.ac.uk/; and Sally Weale, "Seventy-five bogus universities shut down in past four years", *Guardian*, 8 April 2019. https://en.wikipedia.org/wiki/Bogus_colleges_in_the_United_ Kingdom.

5　G.E. Bijwaard and Qi Wang, "Return migration of foreign students", *European Journal of Population*, 32 (1), 2016, pp.31–54, doi: 10.1007/s10680-015-9360-2.

36. 婚姻与迁徙

1　Caroline B. Brettell, "Marriage and migration", *Annual Review of Anthropology*, 46, 2017, pp.81–97, doi: 10.1146/annurev-anthro-102116-041237.

2　Randall, "The untold stories of Japanese picture brides", AsAmNews website, 24 December 2017. https://asamnews.com/ 2017/12/24/the-untold-stories-of-japanese-picture-brides.

3　Francesca Rizzoli, "Italian proxy brides: Australia's forgotten generation of female migrants", SBS, 27 September 2017. https:// www.sbs.com.au/yourlanguage/italian/en/article/2017/09/25/ italian-proxy-brides-australias-forgotten-generation-female-migrants.

4　The Economist, "The flight from marriage", 20 August 2011. https://www.economist.com/briefing/2011/08/20/the-flight-from-marriage.

37. 退休移民和生活方式型移民

1　Benson, Michaela and O'Reilly Karen (eds) *Lifestyle Migration: Expectations, Aspirations and Experiences*, Abingdon: Routledge, 2009.

2　Augustin De Coulon, "Where do immigrants retire to?" *IZA World of Labor*, 297, 2016, pp.1–10, doi: 10.15185/izawol.297.

3　F. Turbout and P. Buléon, "Ageing demographic structure", *Cross Channel Atlas: Channel space*, translated by Louis Shurmer-Smith, University of Caen Normandie, 2001. https://atlas-transmanche. certic.unicaen.fr/en/page-406.html.

4　Michaela Benson and Karen O'Reilly, *Lifestyle Migration and Colonial Traces in Malaysia and Panama*, London: Palgrave, 2018, pp.10–27.

5　The Economist, "The sun sets on British pensioners' migration to Europe", 19 December 2017. https:// www.economist.com/ britain/2017/12/19/the-sun-sets-on-british-pensioners-migration-to-europe.

38. 气候驱动的人口迁徙

1　The New Climate Economy, "The science: key findings from the IPCC and the New Climate Economy reports", August 2018. https://www.un.org/en/climatechange/science.shtml.

2　Carey Lodge, "Cyclone Idai tears through Mozambique: Adelino's story", 27 March 2019. https://www.worldvision.org.uk/ news-and-views/blog/2019/march/cyclone-idai-tears-through-mozambique-adolinos-story.

3　Liette Connolly-Boutin and Barry Smit, "Climate change, food security, and livelihoods in sub-Saharan Africa", *Regional Environmental Change*, 16 (2), 2016, pp.385–99.

4　M. Brzoska and C. Fröhlich, "Climate change, migration and violent conflict: vulnerabilities, pathways and adaptation strategies", *Migration and Development*, 5 (2), 2016, pp.193, 196, doi: 10.1080/21632324.2015.1022973.

5　Ibid.

39. 旅游：人口流动及其弊端

1　Christopher M. Kopper, "The breakthrough of the package tour in Germany after 1945", *Journal of Tourism History*, 1 (1), 2009, pp.67–92, doi: 10.1080/17551820902742798.

2　Emanuel de Kadt, "Social planning for tourism in the developing countries", *Annals of Tourism Research*, 6 (1), 1979, pp.36–48, doi:10.1177/004728758001800369.

3　Lee Tsung Hung, "Influence analysis of community resident support for sustainable tourism development", *Tourism Management*, 34 (2), 2013, p.37, doi: 10.1016/j.tourman.2012.03.07.

4　Jessica Brown, "Last chance tourism: is this trend just causing more damage?", *Independent*, 7 June 2018. https://www.independent. co.uk/news/long_reads/last-chance-tourism-travel-great-barrier-reef-amazon-machu-picchu-a8363466.html.

5　Krittinee Nuttavuthisit, "Branding Thailand: correcting the negative image of sex tourism", *Place Branding and Public Diplomacy*, 3 (1), 2007, pp.21–30, doi: 10.1057/palgrave. pb.6000045.

40. 儿童与人口流动

1　Unicef data, "Child migration", December 2018. https://data. unicef.org/topic/child-migration-and-displacement/migration.

2　Vasileia Digidiki, "The experience of distress: child migration on Lesvos, Greece", in Jaccqueline Bhabha, Jyothi Kanics and Daniel Senovilla Hernández (eds) *Research handbook on child migration,*

Cheltenham: Edward Elgar, 2018, pp.447–57.

3 Ibid.

4 Cati Coe, "How children feel about their parents' migration: a history of the reciprocity of care in Ghana", in C. Coe, R.R. Reynolds, D.A. Boehm, J. Meredith Hess and H. Rae-Espinoza (eds), *Everyday Ruptures: Children, Youth, and Migration in Global Perspective*, Nashville, TN: Vanderbilt University Press, 2011, pp.102–4.

41. 隔离墙有用吗？边界和人口流动

1 Elisabeth Vallet (ed.), *Borders, Fences and Walls: State of Insecurity? 2014*, London: Routledge.

2 The Economist, "Why India and Bangladesh have the world's craziest border", 25 June 2015. https://www.economist.com/ the-economist-explains/2015/06/24/why-india-and-bangladesh-have-the-worlds-craziest-border.

3 Jens Manuel Krogstad, Jeffrey S. Passel and D'Vera Cohn, "5 facts about illegal immigration in the US", Pew Research Center webpage, 27 April 2017. http://www.pewresearch.org/fact-tank/2017/04/27/5-facts-about-illegal-immigration-in-the-u-s.

4 Catalina Gonella, "Visa overstays outnumber illegal border crossings, trend expected to continue", NBC News webpage, 7 March 2017. https://www.nbcnews.com/news/latino/visa-overstays-outnumber-illegal-border-crossings-trend-expected-continue-n730216.

5 Douglas S. Massey, "The counterproductive consequences of border enforcement", Cato Journal, 37 (3), 2017, general ref and p.553. https://object.cato.org/sites/cato.org/files/serials/files/cato-journal/2017/9/cato-journal-v37n3-11-updated.pdf.

6 Rachel Busbridge, "Performing colonial sovereignty and the Israeli 'separation' wall", *Social Identities: Journal for the Study of Race, Nation and Culture*, 19 (5), 2013, p.655, doi: 10.1080/13504630.2013.835514.

42. 拘押与驱逐

1 Dora Schriro, "Obstacles to reforming family detention in the USA", working paper 20, *Global Detention Project*, 2017. https://www.globaldetentionproject.org/wp-content/uploads/2017/01/Schriro-GDP-working-paper-2.pdf.

2 Matthew J. Gibney, "Is deportation a form of forced migration?", *Refugee Survey Quarterly*, 32 (2), 2013, pp.119–20, doi: 10.1093/rsq/hdt003.

43. 难民潮的解决方案

1 The Economist, "Right-wing anti-immigrant parties continue to receive support in Europe", 10 September 2018. https://www.economist.com/graphic-detail/2018/09/10/right-wing-anti-immigrant-parties-continue-to-receive-support-in-europe.

2 Shaun Walker, "Viktor Orbán calls for anti-migration politicians to take over EU", *Guardian*, 10 January 2019. https://www.theguardian.com/world/2019/jan/10/viktor-orban-calls-for-anti-migration-politics-take-over-eu-matteo-salvini.

3 These alternatives are discussed in Robin Cohen and Nicholas Van Hear, "Visions of Refugia: territorial and transnational solutions to mass displacement", *Planning Theory and Practice*, 18 (3), 2017, 494–504, doi: 10.1080/14649357.2017.133 0233. The idea of Refugia is discussed at book length in Robin Cohen and Nicholas Van Hear, *Refugia: Radical Solutions to Mass Displacement*, London: Routledge, forthcoming 2020.

4 The proposal and critiques can be found at the COMPAS webpage: https://www.compas.ox.ac.uk/project/the-refugia-project.

44. 人口流动的未来趋势

1 For Australia, see Australian Visa Bureau, "Regional skilled migration scheme Australia", 2018. http:// www.visabureau.com/australia/regional-skilled-migration.aspx. For Canada, see Global Migrate, "Canada skilled immigration program", blog, 13 October 2018. https://global-migrate.com/blog/canada-skilled-immigration-program.

2 Emma Beswick, "Venezuela crisis: by the end of 2019, 1 in 6 people will have fled the country", Euronews, 12 February 2019. https://www.euronews.com/2019/02/09/venezuela-crisis-by-the-end-of-2019-1-in-6-people-will-have-fled-the-country.

3 These four kinds of value systems derive from the Inglehart–Welzel cultural map, which should be consulted in the original to understand its full complexity. See World Values Survey, "Inglehart–Welzel cultural map", 2008. http://www.worldvaluessurvey.org/images/Cultural_map_WVS5_2008.jpg.

4 "The average Christian believes in the monotheist God, but also in the dualist Devil, in the polytheist saints, and in animist ghosts", Yuval Noah Harari, *Sapiens: A Brief History of Humankind*, London: Random House, 2014, p.223.

图片来源

Key: t = top, b = bottom, c = centre, l = left & r = right
AKG-Images: De Agostini Picture Library/W.Buss 48
Alamy: AB Historic 92; /AF Fotografie 16; /The Africa Image Library 14; /Ancient Art & Architecture 17; /Archiv Gerstenberg/ullstein bild 133; / Art Collection: 169; /Byvalet 36; /Christophel Fine Art/UIG 34; /David Creedon 60; /De Agostini 22; /Michael DeFreitas Caribbean 103; / GL Archive 76br; /Amer Ghazzal 203; /Granger Historical Picture Archive 76tl, 140; /Interfoto 76bc; /ITAR-TASS News Agency 76tr; /M. Timothy O'Keefe 145; /Keystone 135; /Mark Phillips 174; /Science History Images 76tc; /Matthias Scholz 191
Birmingham Public Library 144
Birmingham Museum Art Gallery 43
Bridgeman Images: De Agostini Picture Library 20-21
Harvard University, Center for Geographic Analysis 13
Museum of New Zealand Te Papa Tongarewa, Wellington, New Zealand 39; /SZ Photo/Scherl 44
Eyevine: Massimo Sestini 151
Rick Findler 205
Getty Images: Bain News Service/Interim Archive 9; /Bettmann 72, 75, 177; /Ron Case/Keystone/Hulton Archive 68; /Demelza Cloke 40; /Colorvision/ullstein bild 89; /Corbis 61; /John Dominis/The LIFE Picture Collection 134; /Fine Art Images/Heritage Images 38; /Flying Camera/Archive Photos 71t; /Fox Photos 67; /John Franks 84t; /Jill Freedman 104b; /Kevin Frayer 196; /Godong/BSIP 159; /Benainous/Tinacci/Gamma-Rapho 31; /AFP/Pinn Hans 81; /Annet HELD/Gamma-Rapho 136b; /In Pictures Ltd./Corbis 193, 200; /Jerome Joseph/Chicago History Museum 171; /Kempff/ullstein bild 90; /Keystone-France/Gamma-Keystone 198; /Kyodo News 124t; /Leemage/Corbis

30; /Albert Llop/Anadolu Agency 192; /Saul Loeb/AFP 197; / Stefano Montesi/Corbis 208; / Fine Art Images/Heritage Images 24; /Ross Land 47; /Edwin Levick 56; /AFP/Arsis Messinis 152-153; /Josef Novy 35; /The Print Collector/Print Collector 109; /Roslan Rahman/AFP 53; /Andrew Renneisen 186-187; /AFP/Geoff Robins 166; /AFP/Ashraf Shazly 189; /Reg Speller/Fox Photos 63; /SSPL 104t; /Fred Stein Archive/Archive Photos 76bl; /Brent Stirton 146; /The Sydney Morning Herald/Fairfax Media 142-143; /Universal Images Group 10, 113; /Veejay Villafranca 124b; /World History Archive 18t, 23; /Barbara Zanon 46b; /Zuma Press, Inc 155
Library of Congress 41
Private Collection 46t, 49, 50, 51, 108, 129, 137
Tânia Rêgo/Agência Brasil 209
Science Photo Library: Pascal Goetgheluck 12
Shutterstock: AP 2, 94-95, 121, 125; /Olmo Calvo/AP 110; /Daily Mail 85b; /Alfredo Dagli Orti 131; /Rolex Dela Pena/EPA 112, 115; / Max Desfor/AP 118; /Martin Divisek/EPA 33; /Heinz Ducklau/AP 136t; /Eddie Adams/AP 138-139; /Granger 120; /Bilal Hussein/AP 162, 164-165; /
Ratov Maxim 96; /Martin Mejia/AP 212; /Yulia Plekanova 59; /Who is Danny 211
Topfoto: Heritage-Images 77
Tropenmuseum Collection 106
University of Iowa Libraries Special Collections Department 71b
Every effort has been made to acknowledge correctly and contact the source and/or copyright holder of each picture and Carlton Publishing Group apologises for any unintentional errors or omissions, which will be corrected in future editions of this book.

图表来源

Page 13 Based on map by Jeff Blossom, Center for Geographic Analysis, Harvard University, published in National Geographic. https://www.nationalgeographic.org/projects/out-of-eden-walk/media/2013-01-a-walk-through-time/

Page 15 Adapted from Busby, see Notes, Chapter 1, footnote 3. https://theconversation.com/heres-how-genetics-helped-crack-the-history-of-human-migration-52918

Page 25 Adapted from Gunawan Kartapranata https://commons.wikimedia.org/wiki/File:Buddhist_Expansion.svg

Page 27 Adapted from Manfred Zentgraf https://commons.wikimedia.org/wiki/File:Expulsion_judios-en.svg

Page 30 Adapted from Smithsonian Museum of American History http://americanhistory.si.edu/buffalo/map.html
Source: Handbook of North American Indians, 1978, William C. Sturtevant (general editor).

Page 37 (Top) Adapted from John Wilson, "History – Māori arrival and settlement", Te Ara – The Encyclopedia of New Zealand. https://teara.govt.nz/en/map/1449/map-of-pacific-migrations (Bottom) Adapted from TranspacificProject.com, an online resource center on Transpacific relations. http://www.transpacificproject.com/index.php/transpacific-migrations

Page 42 Adapted from Manu Herbstein www.manuherbstein.com, using original data from Philip Curtin, Atlantic Slave Trade: A Census, Madison: University of Wisconsin Press, 1972.

Page 45 Adapted from The Economist, 2 September 2017.

Page 52 Data from https://en.wikipedia.org/wiki/Hajj under Number of pilgrims per year, and from 1999 Statista: the statistics portal. https://www.statista.com/statistics/617696/saudi-arabia-total-hajj-pilgrims/

Page 53 Al Jazeera.

Page 58 http://www.goldensoftware.com/blog/st-patrick-s-day-mapping-and-graphing-the-irish-influence

Page 63 Data from page 456 of Francis Wilson, (1976) "International Migration in Southern Africa", The International Migration Review, 10 (4) 451 – 88, 1976, doi: 10.2307/2545080, citing: Mine Labor Organizations (Wenela) Annual Report 1970.

Page 64 Adapted from page 173 of Crush, Jonathan (1995) "Cheap Gold: Mine Labour in Southern Africa", in Robin Cohen (ed.) The Cambridge Survey of World Migration, Cambridge: Cambridge University Press, 172 – 7.

Page 66 Data from Gordon Beckett. The Enterprising

Colonial Economy of New South Wales 1800 – 1830, Victoria, Canada: Trafford Publishing, 2012, p.113.
=Page 69 Data from https://en.wikipedia.org/wiki/Anglo-Celtic_Australians

Page 70 Adapted from Russell King, The Atlas of Human Migration: Global Patterns of People on the Move, London: Earthscan, 2010. p.29.

Page 73 Data from U.S. Bureau of Census.

Page 78 Adapted from Holocaust Encyclopedia, United States Holocaust Memorial Museum. www. ushmm.org

Page 79 Data from Holocaust Encyclopedia, United States Holocaust Memorial Museum. https://www.ushmm.org/wlc/en/article.php?ModuleId=10005687

Page 81 Source: https://fanack.com/israel/history-past-to-present/rise-of-zionism/the-british-mandate/

Page 82 Adapted from https://books.openedition.org/ifpo/5014, source Khalidi 1992, design M. Ababasa.

Page 83 Adapted from https://books.openedition.org/ifpo/5014, from Passia 2004. Statistics UNRWA 31-12-2009. Design M. Ababsa.

Page 87 (Top) Data from M. Anwar, "'New commonwealth migration to the UK", in Robin Cohen (ed.) Cambridge Survey of World Migration, Cambridge: Cambridge University Press, 1995, p.77. (Bottom) Data from Office for National Statistics.

Page 90 Data from Bundes Statistik, Arnt, 31 December 1991.

Page 91 Data from Françoise De Bel-Air, "Migration Profile: Turkey", Migration Policy Centre, European University Institute, Robert Schuman Centre for Advanced Studies, Issue 2016/09 December 2016, p.9, source German population register, OECD International migration database.

Page 93 https://langhue.org/index.php/van-hoc/da-ngon-ngu-multilingual-articles/bai-tieng-anh-english-articles/7937-christmas-iin-pulong-tengah-refugee-camp-ho-van-hien

Page 97 Data from https://mapattack.wordpress.com/2015/06/01/vietnamese-mass-migrations

Page 99 Adapted from http://siteresources.worldbank.org/INTECA/Resources/257896-1167856389505/migration-pop-slide1.htm

Page 100 Data from CIA World Factbook.

Page 101 Data from Strategic Forecasting Inc.

Page 105 Data from International Organization for Migration (IOM) (2017), "Migration in the Caribbean: current trends, opportunities and challenges", working paper 1, p.35. Based on data from World Bank, 2015.

Page 107 Adapted from https://www.reddit.com/r/MapPorn/comments/4y4xiq/the_chinese_diaspora_in_southeast_asia_1179x1100/, source H.J. de Blij, P.O. Muller, and John Wiley & Sons, inc.

Page 114 Data from UN Population Division, Haver Analytics.

Page 117 Adapted from https://commons.wikimedia.org/wiki/File:Partition_of_India_1947_en.svg

Page 121 Data from BBC News "After partition: India, Pakistan, Bangladesh", sources US Department of State, Census of India 2001, Pakistan Population Census Organisation 1998.

Page 123 (Top) Data from Philippine Overseas Employment Administration (POEA) Overseas Employment Statistics
(Bottom) Data from Philippine Overseas Employment Administration (POEA)

Page 126 Data from International Labour Organisation.

Page 127 Data from "Trafficking in human beings", EUROSTAT report, 2015.

Page 132 napoleonrestrictionsmap.jpg from http://sainthelenaisland.info/maps.htm

Page 133 https://wiki--travel.com/img/map-of-germany-russia-39.html and https://soviet-art.ru/wp-content/uploads/2016/08/Lenin-on-the-background-of-slogan-Workers-of-the-world-unite.jpg

Page 141 Adapted from https://en.wikipedia.org/wiki/Armenian_Genocide#/media/File:Armenian_Genocide_Map-en.svg

Page 144 Data from Jabalnamagazine, www.jabalnamagazine.com.

Page 147 Adapted from https://fanack.com/migrant-labour/the-plight-of-migrant-workers-in-the-gulf-states/. Data from National statistics, UN, Gulfmigration.eu.

Page 149 Ibid. Data from World Bank.

Page 151 Encyclopædia Britannica, Inc. https://kids.britannica.com/students/article/Phoenicia/276403/media?assemblyId=125790

Page 154 (Top) Data from Missing Migrants Project. (Bottom) Data from UNHCR The UN Refugee Agency

Page 156 Data from p. 17 of Buchan et al. Health Employment and Economic Growth https://www.who.int/hrh/resources/WHO-HLC-Report_web.pdf

Page 158 Data from OECD.

Page 160 Data from BBC News "Why is there a war in Syria?", source UNHCR

Page 161 Ibid, source UNHCR.

Page 162 Adapted from Cameron Thibos, "One million Syrians in Lebanon: A milestone quickly passed", Migration Policy Centre, EUI, p.3, source UNHCR.

Page 201: Al Jezeera.

Page 213 https://data.worldbank.org/indicator/SP.DYN.TFRT.IN?locations=1W-ZG-EU-US-IN-8S-Z4

致　谢

　　如果没有贾森·科恩（Jason Cohen）的帮助，这本书就不可能顺利问世。贾森帮助我核对参考文献，从网上给我找了很多相关的图片，还在其他方面提供了广泛的帮助。塞利娜·莫尔蒂诺（Selina Molteno）阅读了书稿的大部分参考文献，指出了很多格式上的不当之处。这本书的完成也离不开艾莉森·莫斯（Alison Moss）的帮助，她承担了一个不讨喜的工作，提醒我遵守进度计划，不允许我偷懒怠惰。她还积极地与安德烈·多伊奇（André Deutsch）的团队联系，自信而潇洒地协调设计师、出版商和作者之间的进度。我们的天才设计师詹姆斯·波普尔（James Pople）给本书绘制地图，设计示意图，提供了一个新颖美观的版面。卡尔顿图书（Carlton Books）公司负责参考书的编辑主管斯拉夫·托多罗夫（Slav Todorov）也提供了大力支持，并且很有成效。在我苦苦查找有关印巴分治的资料时，牛津大学凯洛格学院（Kellogg College）的同事亚丝明·汗（Yasmin Khan）雪中送炭，送给我一本她关于这个主题的优秀著作。最后，还必须提及供职于沃森利特尔有限公司（Watson, Little Ltd）的代理人唐纳德·温切斯特（Donald Winchester），是他促成了这个项目。我衷心感谢上面提到的所有人。